# 特別付録

## 斎藤一人さん書き下ろし
## 笑龍カード

切り取って部屋に飾ったり、
鞄に入れて持ち歩いたりして、
楽しく幸せになりましょう！

笑龍

さいとうひとり

線に沿って丁寧に切り取ってください

# 斎藤一人 成功したのは、みんな龍のおかげです

斎藤一人
みっちゃん先生 著

PHP

# 一人さんのまえがき

はい、こんにちは。斎藤一人です。

この本では、

「龍を笑わせると奇跡が起きるよ」

というお話をします。

龍が笑い出すと、自分の器がどんどんおっきくなります。

心も夢も果てしなく膨らんで、ありえないぐらい豊かになるんだよね。

いままで人生のどん底を生きてきた人も、ふつうの人も、そしてすでに幸せな人でさえ、龍が笑うとすさまじい勢いで人生が激変する。

みんなにもその感動を味わってもらいたくて、みっちゃんと一緒にこの本を書きました。

幸せのヒントがいっぱい詰まったいい本なので、楽しくページをめくってもらえたらうれしいです。

# みっちゃん先生のまえがき

こんにちは！
みっちゃん先生こと、みっちゃん先生です（笑）。
ある日、一人さんや仲間たちとドライブに出かけたときのことです。
ふと、一人さんがつぶやきました。
**「みんな知ってるかい？　龍を笑わせると、とんでもない奇跡が起きるんだよ」**
誰よりも龍が大好きな私は、たちまちその話に惹《ひ》き込まれました。

一人さんはいままでにも、龍にまつわるお話をたくさんしてくれました。
そのどこにも語られていない龍の秘密や、すでに知っている龍の話がいっそう腑《ふ》に落ちるエピソードが次々に出てきて、私は時間も忘れて聞き入ったのです。

世の中が大きく変わりつつあるいま、龍の力はとんでもなく強くなっています。

龍のエネルギーに守ってもらってこそ、この激動の時代を、自分らしく幸せに生き抜くことができる。

だから、どうしても一人さんのお話をみなさんに届けたくて、こうして本にまとめさせていただきました。


**龍は、どんな人にもやさしい。**

**いつもあなたのそばで、幸せのお手伝いをしてくれます。**

そんな愛にあふれる龍を笑わせることができたら、人生は、想像もつかないほどの奇跡でいっぱいになります。

この本を読んでもらえたら、きっとそのことを実感していただけるでしょう。

愛を込めて、あなたに贈ります。

## 【一人さんからのお願いとお知らせ】

本書を読んでもらうにあたり、まず大事なことをお伝えしたくて、ここにひと言書き添えたいと思います。

人間って、指紋みたいなものなんです。同じ人は、この世に1人も存在しません。
いま、世界には80億人ぐらいの人がいます。
でもその1人ひとりが、まったく違う人間です。
つまり、誰のどんな言葉でも、万人に通用する答えにはなりえないということです。

特に心の問題は、なにが自分にとって正解かは千差万別。
数学なら「1＋1＝2」みたいな決まった答えがあるけど、人生に行き詰まったときの解決法や心の問題には、定理なんてありません。

だから一人さんも、いつも参考意見として「俺だったらこうするよ、こう考えるよ」ということをお伝えしています。

で、そのなかにあなたがピンとくるものとか、役に立ちそうなことがあった場合は、どんどん実践してもらいたいなと思います。

もちろん、やってみたら自分に合わなかったとか、ちょっと違うなってこともあるだろう。一人さんの言う通りにしたからって、ぜんぶうまくいくとは限りません。

そのときは、別の方法を試してみたらいいよ。

自分にピッタリ合うものは、いろんな道を探るうちに見つかるものだからね。

それと、もしかしたらみんなには、一人さんがいつも同じことばかり言ってるように見えるかもしれません。いや、その通りなんだけど（笑）。

でもね、一人さんが同じような話ばかりするのには深いわけがあるんです。

何度も繰り返しお伝えするのは、私自身、それをいちばん大切にして、そのおかげでいまの成功や豊かさ、幸せがあると思っているからなんだ。

こういうことを踏まえて読むと、この本がよりわかりやすくなると思います。

なお、私は自分が大好きで、なによりも自分を大切にしています。だから、いつも自分のことを「一人さん」と、さんづけで呼びます。

それと、本書には「神」「神様」という言葉がたくさん出てきますが、これは特定の宗教を指すものではありません。

この世をつくる、目に見えないエネルギーを意味しますので、そのこともご承知おきください。

**★付録カードについて★**

巻頭の「笑龍《しょうりゅう》カード」は、みなさんの幸せを願う一人さんからのプレゼントです。

切り取って鞄などに入れたり、お気に入りの場所に飾って毎日眺めたりしていると、笑龍の力強いパワーを受け取ることができますよ。

斎藤一人　成功したのは、みんな龍のおかげです　目次

## 第1章 龍が笑うと奇跡がはじまるんだ

## 第2章 日本は神に選ばれし「龍の国」

## 第3章 最強の能力とは機嫌よくいられること



## 第4章 「笑う門には福来る」は宇宙の真実

## 第5章 機嫌のよさが器を大きく育ててるよ

## 第6章　激動の時代を笑龍とともに生きる

装丁　一瀬錠二(Art of NOISE)
編集協力　古田尚子

# 第1章

# 龍が笑うと
# 奇跡がはじまるんだ

# 「風の時代」には龍が世界じゅうを駆けまわる

**みっちゃん先生**　一人さんがしてくれた〝龍を笑わせると奇跡が起きる〟というお話。これは、過去に一人さんがしてくれた龍の教えのなかでも、最強だと思います。
いまよりもっと幸せになりたい人は、絶対に知っておいた方がいいですね。

**斎藤一人**（以下、一人さん）　21世紀も深まってきて、いま、龍の力が格段に強くなっているからね。

**みっちゃん先生**　21世紀と言えば、「魂の時代」だと一人さんが教えてくれました。
それから、ちょうど「風の時代」もはじまり、これから200年ぐらい続くとも言われています。

龍は、こうした時代の特徴と関係しているんですか？

**一人さん**　みっちゃん、いい質問だね。まさにその通りなんだよ。

あのね、**龍というのは〝流れるもの〟に宿っているの。**

**みっちゃん先生**　流れるもの……というと、まず思いつくのは水ですね。

そっか！　だから、龍は水のあるところにいると言われるんですね！

**一人さん**　そうだよ。〝流〟という字は、龍と同じく〝りゅう〟と読むだろ？　それは、流れるものには龍が宿り、龍のパワーがあるということを意味するんだ。

**みっちゃん先生**　わぁ……いきなり鳥肌！　そういう意味では、風の時代が龍に直結するのがよくわかります。風も、水と同じように流れるものだから。

風にも龍が宿っていて、風の時代には、それこそ龍が風に乗って縦横無尽に時代を駆け巡る。世界じゅうを泳ぎまわる。

そうして、幸せのタネをいっぱい蒔《ま》いてくれる。そんなイメージでしょうか？

**一人さん**　いいね、すっごくわかりやすいよ。で、いまみっちゃんが言ってくれたような情景を、たぶんみんなも頭のなかに思い浮かべたんじゃないかな？

そこなんだよ、大事なのは。

**みっちゃん先生**　それは、どういうことですか？

**一人さん**　これは人間も同じだけど、**龍ってさ、自分の存在に気づいてもらえるとすっごく喜ぶんだよね。**

特に、龍は俺たちとは違って目に見えない。だから、〝龍は本当にいるんだな〟っていう意識を持ってなきゃ、人は龍の存在に気づけません。

だから、龍が風に乗って世界じゅうを駆けまわる様子だとか、龍がいっぱい幸せを落っことしてくれるところやなんかを思い浮かべたら、それだけで龍は大興奮で喜ぶだろうね（笑）。龍は、子どもみたく無邪気で素直だから。

子どもってさ、うれしいことがあるとジャンプしたり転げまわったり、キャーキャー声を上げながら全身でその喜びを表現するよね。そんな感じで、龍も大笑いしながら、みんなの頭上を泳ぎまわってるんじゃないかな（笑）。

**みっちゃん先生**　龍って、なんて可愛いのかしら〜♡　親近感がわきますね！

**一人さん**　親しみを持ちながら龍と仲よくできる人は、ますます龍に可愛がられるの。こちらが愛を出せば、龍はその何倍も愛を返してくれるからね。

龍にとっていちばんうれしいのは〝愛〟だし、龍は楽しいことが大好き。

龍を信じ、愛の目で龍を感じ、楽しいことをいっぱいしてる人は龍と親しくなれるから、龍が無限に奇跡を起こしてくれるよ。

これが、風の時代に活躍する人の最大の特徴なんだ。

# 時代の流れに乗りたければ龍のように生きな

**一人さん**　魂の時代というのも、やっぱり龍と深い関係にあるんだよね。

さっき〝龍は楽しいことが大好き〟とお伝えしたように、龍って最高に明るい存在なの。

赤ちゃんとか子どもは、まぶしいくらいに輝いて見えるものだろ？

龍はそれ以上に明るいし、軽やかで変幻自在。なにかに縛られるなんてことはまったくありません。

要は、龍というのは〝最高の自由〟を象徴しているんだよ。

**魂の時代には、自由に個性を発揮することで幸せになる。**

**好きなことを楽しむ、明るい笑顔の人が成功する。**

**生まれも育ちも関係なく、誰もが幸せになる権利を平等に持っている。**

この時代は、まさに龍の存在そのものなんだ。

**みっちゃん先生**　魂の時代には、龍のように自由に、愛を出しながら生きる人が成功するわけですね。

**一人さん**　そうだよ。龍は「龍神様」とも呼ばれるように、神の化身《けしん》です。

この宇宙を創造した大いなる神から生まれ、神と同じ力を持って、俺たちのいる人間界へやってきたのが龍なんだよね。

**みっちゃん先生**　龍には万能の神と同じ力があり、その力でどんなことでも叶《かな》えられる。

龍に不可能はありませんね。

**一人さん**　そんな龍に味方してもらえば、どんな人生でもやすやすと切り拓《ひら》かれる。とんでもない奇跡が起きるよ。

だから、龍のように自由に、のびのびと生きな。好きなことを楽しみながら笑っていれば、時代の流れに乗って、幸せな世界、もっと幸せな世界ってどこまでも突き進めるからね。

## 俺たち1人ひとりのなかに龍がいるんだ

**一人さん**　一人さんはね、人間は誰もが、自分のなかに龍を抱いていると思ってるんです。1人ひとりに龍がついていてくれている。

というより、みんな龍そのものだと思ってもいいね。

**みっちゃん先生**　それはつまり、神様からの分け御霊《みたま》(※)を指すと思っていいのかしら？

**一人さん**　そうだね。そういうふうに考えてもらっても、まったく問題ないよ。もちろん、分け御霊と龍を切り離してイメージしてもいいしね。

どっちだっていいし、難しく考える必要はないんです。

俺たちのなかには神がいるし、龍もいる。ただそれだけわかっていればいいよ。

**みっちゃん先生**　ハイ！　ところで一人さん、龍はどうして私たち1人ひとりのなかにいるんですか？

**一人さん**　それが、まさに〝流れるものには龍が宿る〟という話につながるんだ。

人間の体ってさ、大人の男性で体重の60％くらいが水分なの。生まれたばかりの赤ちゃんにいたっては、約80％も水が占めているんだって。

血液だとかリンパ液だとか、いろんな体液が全身をぐるぐる巡ることで、俺たちの命は保たれているんだよね。そのおかげで成長もできます。

流れるものに守られ、育《はぐく》まれながら生きているのが人間なの。

もちろん、それは動物や植物だって同じだよ。水分が体を巡ることで新陳代謝し、生きることができる。

流れがあるおかげで生きていられるわけだから、龍は、俺たちの命そのものだよな。

**龍は水に棲《す》むことから〝水龍〟とも言われるけど、まさに俺たちのなかには水龍がいて、いつも守ってくれます。**そんなイメージだね。

**みっちゃん先生**　一人さん、これはスゴいお話ですよ！

自分のなかにいる龍が、休むことなく全身に愛を巡らせているってことでしょう？

龍のおかげで、私はいまこうして元気でいられる。

龍の愛、神の愛の深さに、感動で震えます……。私たちの知らない間に、龍はどれほどの奇跡を与えてくれているんだろうって。

**一人さん**　俺たちは、いつだって龍とともに生きている。

命はもちろんのこと、運気だってぐるぐる巡らせてくれるのが龍なんだよね。

それがわかると、人間、自分を粗末に扱おうだなんて思えなくなるはずなの。龍がまわしてくれている命を、自ら断ち切っちゃうことなんてできません。

たまに、〝生きようが死のうが、自分の命なんだから好きにさせてよ〟とかって言う人がいるけど、そうじゃないんです。

自分の命を絶《た》つということは、龍を否定し、龍の命を奪うことでもあるんだ。

（※）あらゆる命は、神様から分けてもらった「分け御霊」であるという考え方。

## この世は龍に甘えた者勝ちです

**一人さん**　ただ勘違いしないでもらいたいのは、苦しくても我慢して生きろと言っているわけじゃないんです。我慢は絶対、ダメだよ。

なら、人生でキツいときはどうするんですかって、答えは簡単です。

**難しいことなど考えないで、龍に頼ればいいんだよ。**

**どんな壁が出てこようが、ぜんぶ〝この問題を解決してください〟って龍に丸投げ**

**しちゃえばいい。**龍がそこにいるとイメージしながら、心のなかでお願いしてみな。あなたが龍に頼れば、龍は喜んで問題を片づけてくれるの。
それどころか、龍は〝頼ってくれてうれしいよ！〟って、あなたが笑顔になるようなことをじゃんじゃん持ってきてくれるんだ。

**みっちゃん先生**　龍がくれる愛に気づけたら、自然と自分を大切にしたくなる。そして自分を大切にするなかで困ったことが出てきたら、迷わず龍に力を借りたらいい。
とことん、龍さんに甘えちゃった者勝ちですね♪

**一人さん**　俺たち人間だってさ、自分を信じて甘えてくれる人のことは、可愛いやつだなぁって思うだろ？　その人が困ってると、自分にできることはなんでもしてあげたくなっちゃうじゃない。見返りなんか求めないでさ。
その反対に、遠慮ばかりして心を開かない相手のことは、なんだか可愛く思えないよね。もっと頼ってくれたらいいのにって、寂しく感じたりする。

そういう気持ちは、人間とか龍とか関係ないんです。人間がうれしいことは、龍にとってもうれしい。人間が不快なものは、龍だって嫌に決まっているよ。

**みっちゃん先生**　確かに！　みんな、龍に遠慮しないでどんどん頼っちゃいましょう〜。

そしてそのときには、明るい気持ちを忘れないことがポイントですね。

龍は明るくて軽い波動(※)だから、どんよりした気持ちとか、愚痴や文句みたいな重い波動を出しながら龍にお願いしても、波動がすれ違ってしまいます。そうすると、いくらお願いをしてもうまく伝わらない。

**龍に頼るときは、〝これを解決してくださいね〜〟って軽やかに。そしてお願いしてしまったら、もうそのことは忘れて楽しく生きる。**

それを、しつこく〝まだ解決しないんですか？〟〝いつになったらうまくいくんですか？〟なんて詰め寄っちゃうと、それだけで波動は重くなるし、龍だってそんなプレッシャーは嫌ですよね（笑）。

**一人さん**　みっちゃんの言うように、龍に守ってもらいたければ、まず自分が軽い波動でいることが大事だね。

で、常に軽やかな人って、実を言うと、ことあるごとにいちいち龍に頼らなくても、勝手に龍が助けてくれるんだよ。

波動の軽い人は、いつだって龍の波動とつながっていられるから、そもそも問題が起きないっていう現実になる。もし自分の行く先になにか悪いことが待ってたとしても、龍が未然にそれをはねのけてくれるの。

問題のタネになることが出てきても、そんなのは龍にかかれば瞬殺だよ（笑）。

（※）周波数のようなもの。同じような波動は強く引き合い、違う波動は相容《あいい》れない性質を持つ。目に見えるもの、見えないものに関係なく万物は波動を持ち、互いに大きく影響し合っている。

# 龍にとって最高のごちそうは「機嫌のよさ」

**みっちゃん先生**　いつも自分を守ってくれる龍に、こちらからお礼ができたらいいのにって思うことがあって。そういうときに、なにかいい方法はあるでしょうか？

**一人さん**　龍がいちばん好きなのは愛であり、それが最高のごちそうなの。だから、龍にお礼がしたければ愛を出せばいい。

で、愛とはなんですかっていうと、自由であり、明るい気持ちでいること。

それから、なんでも楽しむこと、笑顔でいること、天国言葉（聞いた人が喜ぶ言葉）をいっぱい口に出すこと、感謝すること……みたいなものぜんぶです。

**これらをひと言でまとめると、〝機嫌よくしてな〟ってことになるね。**

**みっちゃん先生**　機嫌がよければ勝手に愛が出るし、波動もふわ〜っと軽くなる。愛を出して波動が軽くなれば、それが龍への最高のお礼にもなるんですね。

**一人さん**　だから俺たちは、徹底的に自分の機嫌を取ってりゃいいんだ。

たとえば食事にしたってさ、いい加減に食べるのではなく、いつでも自分の好きなものを選ぶの。そのとき、あなたがいちばん食べたいものを食べな。高級なものじゃなくていいからさ。

それであなたの機嫌がよければ、龍も機嫌がいい。あなたが〝うまいなぁ〟と思えば、龍も同じように喜ぶからね。

ちなみに一人さんの場合は、永谷園のお茶づけだとか、たぬきうどんの登場回数が多め（笑）。ケチで安いものを食べるわけじゃなくて、それが俺の大好物なんだよ。

**みっちゃん先生**　そうそう！　一人さんの好きなものって、なぜか安くておいしいものばかりなのよね〜（笑）。

でも、そうやって値段に関係なく自分の好きなものを食べているからこそ、一人さんは誰よりも龍に愛されているんだと思います。

**一人さん**　俺の好物は、龍にとっても好物だからね。俺についてくれている龍はお茶づけが大好物だから、俺がお茶づけに舌鼓《したつづみ》を打てば、龍もすこぶる機嫌がよくなる(笑)。

**みっちゃん先生**　自分のなかにいる龍は、自分そのもの。だから仕事でも趣味でも、人間関係でも、そのとき自分が望むこと、好きな方、居心地のいい環境に身を置くことですね。そうすれば、龍はいつだって喜んでくれるから。

もちろん人間は未熟だから、誰だって機嫌が悪くなることはあるでしょう。でも、そのことにできるだけ早く気づいて修正することが大事です。

龍はとってもやさしいから、私たちが〝いま、機嫌悪くしちゃってたな〟って気づくだけでも褒《ほ》めてくれるし、笑ってくれますね。

**一人さん**　その通りだよ。**だからあまり気負わず、気楽に考えたらいい。**

ちょっとずつ自分に我慢させることをやめて、楽しい自分の比率を上げていけばいいんだ。

## 笑龍《しょうりゅう》がいれば幸せになるのはお手のもの

**一人さん**　みんなは龍の顔をどんなふうにイメージしてるかわからないけど、一人さんのなかでは、いつも笑っているんです。

微笑《ほほえ》んでいたり、大笑いしていたり。

そのときによって笑い方は違うだろうけど、とにかく俺のなかにいる龍は、いつも笑顔なんだよな。

**みっちゃん先生**　いろんなところで龍の絵や像を見かけますが、なかには怖いお顔の龍もあるので、そういうのが龍のイメージとして定着しちゃってる人もいると思います。

だけど私たちの間では、龍と言えば「笑龍（笑顔の龍）」ですよね。

**一人さん**　そう。笑龍がくっついてくれると、ふつうの龍の何十倍、何百倍……もしかしたらそれ以上かもわかんないけど、とにかくものすごい奇跡が起きるんだよ。それも、当たり前に起きる。

笑龍にはケタ違いのパワーがあって、それを味方につけたらどうなるか。これはもう、それぞれが自分で体験してもらうしか説明のしようがない。

**みっちゃん先生**　笑龍がついてくれたら、幸せになるのなんて本当にお手のものです。それは、一人さんや私たち弟子を見てもらったらすぐにわかると思います。

**一人さん**　いとも簡単に成功し、息をするがごとく納税日本一になり続け、どんな不況がこようが会社は超黒字経営でまったく波風なし。

世の中に、俺ほど苦労なしに成功した人間はいないいんじゃないかな（笑）。

それに一人さんは、自分のことをわかってもらえなくてつらいとか、孤独感みたいなものとかは経験したことがない。それぐらい、仲間にも恵まれているんです。

はっきり言って、俺の人生ほど最高なものはないと思っているよ。

**みっちゃん先生**　私も一人さんほどじゃないけど、自分の人生、こんなにあっさりうまくいっちゃうものなの⁉　って何度驚いたことか（笑）。

ただ機嫌よく生きているだけで、私はなにかをがんばったこともありません。

ぜんぶ、笑龍がくれた奇跡なんだなぁって。そう思います。

**一人さん**　機嫌よくいることに対して、みんなはそこまで大きな意味があると思ってないかもしれない。

だけどね、**機嫌がいいだけで人生はトクすることばかりなんだ。**

機嫌がいいのに、なんか人生がパッとしないなぁってことは絶対にありえないよ。

# 「あの人はなぜか運がいい」のワケ

**みっちゃん先生**　そもそもの話ですが、機嫌よくしていると、どうして龍が笑ってくれるのでしょう？

**一人さん**　別に大した理由があるわけじゃない。俺たち人間だって、機嫌のいい人は好きだろ？　人の笑顔を見ると、自然にうれしい気持ちがこみ上げてくる。

機嫌の悪い人が好き、みたいな人は見たことがないんです。その理由はわからないけど、きっとなにか意味があって、神様がそういうふうにつくってくれたんだね。

でもさ、意味なんてどうでもよくて。

機嫌がいいから気持ちいい。

機嫌の悪いやつは、たとえ笑っていても気持ち悪いし、なんか怖い（笑）。

その真実さえわかってたらいいんです。

幸せって、自分が機嫌よくいることに尽きるんだよ。それしかない。

**みっちゃん先生**　機嫌が悪いのに幸せってことは、絶対にありえませんからね。楽しくって、満たされていて、笑っていられる。それこそが人間の幸せの根幹です。

**一人さん**　そしてそういう人には愛があるから、龍も大好きなんだよ。

みっちゃんはさ、好きな相手のことはいくらでも手助けしてあげたいなぁって思うでしょ？　龍だって同じなの。

だから、**機嫌のいい人のことは龍が応援してくれる。龍も笑顔になって、そこから奇跡がはじまるんだ。**

**みっちゃん先生**　私は何十年も前に一人さんと出会い、ずっと一緒にいさせてもらってます。そのなかで、一人さんが機嫌を損ねた姿は一度も見たことがないんですよ。

そしてそんな一人さんから、弟子の私たちはいつもこう教わりました。

ご機嫌というのは、向こうからはやってこない。自分の機嫌は、自分で取らなきゃいけないよって。


**一人さん**　自分の機嫌を人に取ってもらうのって、大変なことなの。だってさ、自分がどうすれば機嫌よくなるか、相手に説明しなきゃいけないじゃない。黙ってると、相手はあなたの〝喜びのツボ〟がどこにあるかわからないでしょ？

しかも、相手にそれを説明してもやってくれるかどうかも疑わしいし、それ以前に、たいていの場合うまく伝わらない。

なんだかんだ労力をかけたわりに、けっきょく〝どうしてわからないんだ〟って不機嫌に行き着くだけで（笑）。こんなに無駄なことはないよな。

**みっちゃん先生**　そんな回りくどいことをするより、はじめから自分で自分の機嫌を取った方がよっぽど効率的だし、確実に機嫌よくなれますね。

**一人さん**　そういうこと。で、自分の機嫌が取れれば、絶対に笑龍が味方してくれます。

**世の中にはさ、〝あの人は、どういうわけかいつもツイてるなぁ〟って人がいるでしょ？　そういう人をじっと観察してみな。まず、機嫌の悪さがないと思うよ。**

どんなときでもニコニコしていて、周りを気分よくいさせてくれる。

こういう人には笑龍がつくから、運気だって最高によくなるんだ。

## 機嫌が悪いと大損することを知ってるかい？

**みっちゃん先生**　世の中には、いつも機嫌の悪い人もいますよね。そういう人って、どうして機嫌よくできないのかしら。

**一人さん**　機嫌が悪いことで、自分がどれだけ損をしているか知らないいんだろうね。

これは100％確実に言えることなんだけど、機嫌悪くしていると、人生に暗雲が垂《た》れ込めるの。嫌なことばっかり起きて、それでまた機嫌が損なわれる。その繰り返しなんです。

しかも、1つ嫌なことがあるたびに不機嫌度が増しちゃって、どんどん行き詰まるの。苦しいこと、厄介《やっかい》なこと、忌々《いまいま》しいこと、そんなのばっかりで人生が埋め尽くされちゃうんだよ。

だから、ちょっとでも〝私は機嫌悪くなりやすいなぁ〟と自覚している人は、いますぐに笑ってみたらいい。まずは1分でも、10秒でもいいから、とにかく機嫌よくしてみな。

たったそれだけの積み重ねで、びっくりするぐらい起きることが変わってくるよ。

**みっちゃん先生**　機嫌が悪いって、本当に恐ろしいことですね……。

しかも波動の法則から言えば、自分が損をするだけじゃなく、周りの人にも損をさせちゃうわけでしょう？

機嫌の悪い貧乏波動を出していると、自分にも、周りにいる人にも、貧乏現象を呼び寄せてしまいますね。

**一人さん**　貧乏波動っていうのは、ネガティブで暗い、重苦しい波動のことを指すわけだけど、機嫌が悪くていつも地獄言葉（聞いた人が不快になる言葉）やなんかを口に出してると、とんでもない貧乏波動になっちゃうんだよ。

文字通りお金が入ってこなくなったり、お金があっても羽が生えてるみたく飛んで行ったりして、経済的に苦しくなる。

それから、人間関係や仕事なんかも、なぜかうまくいかなくなる。

波動は目に見えるものではないから、そんなバカげた話があるかって信じない人もいるようだけど、波動が持つ力をなめてると痛い目に遭《あ》う。

波動を無視して表面的なことをいじくりまわしても、それでは人生はうまくいかないんだ。

# 第2章

# 日本は神に選ばれし「龍の国」

## 「昇り龍」「下り龍」の両方いるのが日本なんだ

**一人さん**　〝笑〟という字は〝しょう〟と読みます。そして、しょうには〝昇（しょう）〟の字もあるよね。

このつながりで言えば、龍が笑うと天に昇って、天のおっきい神様（おおもとの神様）からご加護を持ってきてくれる。そんなイメージになります。

**みっちゃん先生**　神の使者として、龍がこの世とあの世を行ったり来たりしながら、私たちに奇跡を授《さず》けてくれるわけですね。

前から思っていたのですが、日本語って、こういう〝神のルール〟とか〝宇宙の真実〟みたいなものを表す言葉がいっぱいあって。

ここは正真正銘、神の国なんだなぁって感じます。

**一人さん**　みっちゃん、素晴らしい視点だね。その通りなんだ。

一人さんはずっと、日本は〝神の国だよ〟って言い続けています。それは、日本じゅうに神社があることからもわかるけど、**実は神様のなかでも、日本にもっとも深い縁を持つのが龍神様なの。**

日本は古来、神に選ばれし〝龍の国〟として栄えてきたんだ。

**みっちゃん先生**　地図で日本列島を観察してみると、そもそもこの国は、形からして龍にそっくり。日本が龍の国であると、ひと目でわかりますね。

**一人さん**　しかも、単に龍の形をしているだけじゃない。

まず、北海道を龍の頭だと思って見てみな。そうすると、日本列島は〝昇り龍〟の格好をしているんだよね。

そして次に、今度は九州を龍の頭にしてごらん。たちまち〝下り龍〟が現れる。

日本にはなんと、〝昇り龍〟〝下り龍〟の両方がいるんだよ。

**天と地を行き来する龍に守られ、助けられ、そうやってこの国は奇跡の発展を遂げてきた。**そのことが、地図上からも読み取れるの。

こんなふうにバランスが取れている国ってすごく珍しいし、このこと自体が、まずとんでもない奇跡なんです。

**みっちゃん先生**　わ、本当だ!!　こんなすごい事実を知ると、龍の国に暮らす私たちが豊かにならない方がおかしいですね。

ちなみに、日本には美しい四季があるでしょう？　季節が流れるように移ろうわけですが、これもやっぱり、龍の国である日本の特徴なのかしら？

**一人さん**　俺はそう思っているよ。四季の移ろいを感じると心が和《なご》み、なんとも癒《いや》される。そういうのも、龍からの最高の贈りものだよね。

## 相反する性質から生まれた「大和魂《やまとだましい》」

**一人さん**　龍のおかげで、日本は豊富な水資源に恵まれ、質のいい農産物もたくさん採れます。畜産物にしても、世界から高い評価を得ています。

そのいっぽうで、ここは小さな島国で資源も少ない。しかしながら、戦後のごく短時間で、工業や化学なんかの分野でも世界トップに立ったんだよ。

**こういうことを１つひとつ整理してみると、日本がどれだけの奇跡を経てきたかよくわかります。**ほかの国では、まずありえない奇跡の連続なの。

じゃあどうしてそんな奇跡が起きたんですかって、日本が龍の国だからだよ。

この国の繁栄には、龍の存在が関係している。そうとしか思えないんだ。

**みっちゃん先生**　日本で起きた数々の奇跡は、どれも龍とは切っても切り離せない関係があったんですね！

そしてそんなたくさんの奇跡は、日本人の特徴的な気質というか、日本的な性格があったから成し遂げられた、ということも言えるでしょうね。


**一人さん**　もちろん、そうだよ。日本には、昇り龍、下り龍の両方がいる。その影響で、日本人は相反する２つの性質を持っているの。

みんなも聞いたことがあるかもしれないけど、日本人は昔から〝強さ〟〝やさしさ〟の両面を兼ね備《そな》えていると言われます。戦国武将やなんかを見ると、すごくわかりやすいと思うんだけど。

ふだんは控えめで穏やかな性格なのに、いざとなると、怯《ひる》むことなく突き進む。

胸の内に激しい情熱を持ちながら、ものごとを冷静に見極め、慎重に事を運ぶ。

そういう真逆の気質を端的に言い表しているのが、「大和魂」という言葉なんです。

**みっちゃん先生**　すっごくわかります！　大和魂って言うだけで、日本人なら誰もが、言葉にできない人情の機微とかそういうのを自然に感じ取れるんですよね。

**一人さん**　もともと龍の国であり、そこで生まれ育った俺たちには、魂レベルで日本的な感覚が備わっているんだよ。

**みっちゃん先生**　よく、〝大和魂は、外国人にはなかなか理解してもらえない〟って言われて、日本人としては〝なぜわからないのかな？〟なんて感じることもありますが、これはもう日本特有のものだからしょうがないんですね。

**一人さん**　そういうこと。よその国では、この大和魂と同じものはないだろうからね。

ただ、時代が進むにつれ、多くの外国人が日本のよさを評価してくれるようになったのもまた事実。

魂の時代、風の時代っていうのは、日本人とか外国人とか関係なく、みんな同じなの。そうすると、その時代を象徴するような国に注目が集まるのは当然なんです。

だから海外の人も日本的なものに意識が向くし、興味がわく。

大和魂についても理解したいとか、それをお手本にして自分の魂レベルを上げたいとかって考える人がたくさん出てくるのは当然だと思うよ。

**みっちゃん先生**　日本の魅力を知った海外からの観光客が、どんどん増えているでしょう？　一人さんのお話を聞くと、それも大納得です。単に日本が美しいから観光したいってだけじゃなく、その深層には、日本のよさに触れ、その波動を浴びたいというのがあるんでしょうね。

**一人さん**　最近では、日本の強くてやさしい龍が大好きっていう外国人も多いらしいの。

外国にもドラゴンと呼ばれる龍がいるけど、どちらかというと、そちらは強さや怖いイメージがある。それに対して、日本の龍はすっごくやさしいんだよ。

もちろん日本の龍にも強さや激しさはあるけど、その根っこには深い愛がある。だから、日本の龍はちっとも怖くありません。

日本の龍が人気急上昇しているのは、外国の人たちが、こういう魅力に気づき始めたってことだろうね。

## 実は日本人って機嫌よくいることが得意

**みっちゃん先生**　日本人というのは、世界のなかでもとりわけ感謝上手な国民であるように感じます。

それは、日本には龍の愛が根づいていることが関係しているのでしょうか？

**一人さん**　そうだろうね。それから、風土もあると思います。

日本は〝八百万《やおよろず》の神がいる〟とされる神の国で、あらゆるものにありがたいと思う心を持っているんだよ。いわば、生きることと感謝がセットなの。

で、感謝というのは機嫌がよくなきゃできないことでもある。という意味では、日本人ってもともと機嫌よくいることが得意なの。

生きているだけで、自然に機嫌よくできる素地がある。龍の愛を持って生まれ、龍の愛を浴びながら育っているわけだから、機嫌よくなるのは当たり前とも言えるんだけど。

じゃあ、なぜそれができないんですか？

多くの人は、世間の常識やなんかに引っ張られてしまい、自分が心地よくいることよりも、理屈とか世の中での正義を優先しちゃってるんだろうね。それで、だんだん機嫌が悪くなってしまった。

**みっちゃん先生**　日本人は、真面目で誠実な部分もあります。機嫌の悪い人というのは、そっちの方にちょっと傾きすぎちゃってるのかな？

**一人さん**　そうだね。でも本来は愛の民族であって、それは細胞の1つひとつに沁《し》み込んでいるはずだから、やろうと思えば簡単に変われる。

龍の国に生まれ育った俺たちには、水のような性質があるんだよ。だから、さらさら～っと機嫌のいい自分に戻れると思うけどね。

ほんのちょっと、気持ちのスイッチを切り替えるだけでいいんだ。

**みっちゃん先生**　そのスイッチは、どうすれば切り替えられますか？

**一人さん**　とにかく、自分の好きなことをするんだよね。

がんばってる自分へのご褒美《ほうび》に、いつもより１００円高い弁当を買ってあげるとかさ、そんな程度でもいいから。

それでご機嫌になれたら、その弁当代をはるかに超える臨時収入が入ってきた、なんてこともあり得るだろうね。そしたら、うれしくてまた機嫌がよくなるだろ？

**わらしべ長者みたく、小さな〝好き〟〝こっちの方がいい〟が、どんどん大きな幸運に育っていくよ。**

**みっちゃん先生**　私の場合は、自分はいつも龍に守られているって思い出したり、いま自分が持っているものを思い出して感謝したり。そういうことも、スイッチになるな〜。

**一人さん**　もちろん、そういう切り替え方もあるよね。機嫌が悪いだけで大損するんだってことを思い出すのでもいいし。

要はなんでもいいんだよ、自分の気持ちが切り替えられるんだったら。

人のことは変えられないけど、自分のことだったら、いつからでも、どれだけでも変えられるものだからね。

## 龍と自分は「鏡」の関係なんです

**みっちゃん先生**　龍が笑ってくれたときに、それを感じられる方法ってあるんですか？

**一人さん**　龍と自分はね、鏡と同じなの。

つまり、自分の機嫌がいいときは、龍も笑っているんだよ。あなたが愚痴や文句ばかり言っているのに、なぜか龍だけニコニコしてるってことはない。

これも、人間と同じだよな。嫌なやつの周りには不機嫌な人しかいないし、機嫌のいい人のそばには、笑顔の人しかいないの。

**みっちゃん先生**　ということは、自分が微笑んだら龍も微笑むし、大笑いすれば、龍も大笑いする？

**一人さん**　そうだよ。

**みっちゃん先生**　じゃあ、龍の微笑みと大笑いにはなにか違いがあるんでしょうか？

**一人さん**　たとえばね、人間でも動物でも、可愛い赤ちゃんがいると、見た人は自然に微笑むじゃない。やさしくて、あったかい笑顔。そんなときは微笑むのがふつうで、大笑いする人はいないでしょ？

いっぽう、お笑い芸人の漫才やなんかを見てるときは、声を上げて笑うよね。腹がよじれるほど笑いまくって、涙まで流しちゃったりさ（笑）。こういうときの笑いは、微笑みじゃなくて大笑いになる。

俺たちは状況によって微笑んだり大笑いしたりするわけだけど、愛のある微笑みも、大爆笑も、どっちもいい。

笑龍もそれと同じで、**どんな笑顔でもぜんぶ最高だよ。**

**みっちゃん先生**　確かにそうですね！　一人さんのお話は、本当に的《まと》を射ているからスッと腑に落ちます。

**一人さん**　それからもちろん、自分が怒ったり泣いたりすると、龍も同じように悲しむ。

というより、龍は波動の高い神的な生きものだから、その意味では怒ったり泣いたりはしないかもわかんない。

波動の低い人は、龍の波動と違いすぎるから、龍が近づけないの。

龍は自分のなかにいるものだから、物理的に離れるというより、魂的な距離が生じる、と言えばわかりやすいかな。

**みっちゃん先生**　龍というのは、いつも私たちに寄り添い、見守り、応援してくれる存在です。**でも自分の波動が下がってしまうと、龍がその人を助けてあげたくても近づけないし、手の出しようがありません。**

けっきょく、龍に愛されて幸せになるには、自分が機嫌よくいることが最大のカギなんですね。

## 偽物《にせもの》の笑顔で龍を笑わせることはできない

**一人さん**　笑顔について、ちょっと補足したいことがあるんだけどね。

同じ笑顔でもさ、人を騙《だま》してほくそ笑むとか、嫌なことをされて心では泣いているのに、相手の言いなりになって愛想笑いをするとか、そういうのはダメなんです。

顔では笑っているかもしれないけど、波動はダダ下がりなの。

いくら笑っていても、その裏側には人を騙すという腹黒さや、我慢の苦しさがあるわけだから、波動が下がるのは当たり前だよね。

つまり、こういうウソの笑顔では、その人の龍は笑わないんだ。

**みっちゃん先生**　本当は機嫌が悪いのに、うわべだけウソの笑顔になっても、波動はごまかせませんね。

**一人さん**　ただ、例外もあって、心で泣いていたり怒ってたりしていても、それを表に出すと自分も人も波動が下がるから、機嫌のいい自分を装《よそお》うとか、ちょっとがんばって笑おうとか、そういう気持ちで表情と心にズレが生じることもあるよね。

この場合は、波動が下がることはありません。

むしろ、〝大事なことによく気づけたね〟って龍が応援してくれて、波動がグンと上がるよ。

**みっちゃん先生**　本当はつらいけど、笑えばきっとうまくいく。そう信じて機嫌よくしている人は、その一生懸命さがすごく健気《けなげ》で、私だって応援したくなっちゃうもんな～。

**一人さん**　機嫌が悪いときに、そのままストレートに表に出すから、周りに嫌な思いをさせるんだよね。機嫌よく振る舞えるんだったら、誰も迷惑しません。

心の状態と言動が一致していなくても、自分の意識が幸せの方へ向いていれば、波動は下がらないんだよ。

それに、機嫌のいいフリをしていることで、自然にそっちへ引っ張られるってこともあるよね。

心と体は表裏一体だから、顔で笑顔になれれば、それが心に影響する。病気やケガで体に苦しみがあっても、心が愛を忘れず自由でいられたら、体の痛みやなんかも軽くなるってことがあるんです。

だけど、それとは違うへんてこりんなごまかしは、絶対に通用しないよ。

悪事を働く人がいるとさ、よく〝天が見てるよ〟って言うじゃない。神様にウソはつけないよって。あれは、自分の波動はごまかせないという意味なんです。

人の目はごまかせたとしても、自分の心までは騙せません。

魂は、自分や人を傷つけることをなにより嫌がります。それをやっちゃうと、猛烈な勢いで波動を下げて、なんとかしてその間違いに気づかせようとするんだ。

**みっちゃん先生**　〝自分も人も、もっと大切にしてよ！〟っていう魂の叫び声、龍の嘆きですね。と思うと龍がかわいそうで、自分や人を傷つけること、悲しませることは絶対にできないなぁ。

**一人さん**　そうだよ。だから、とにかく機嫌よく生きな。

機嫌よくしていればいい波動になるし、その波動が笑龍を呼び、ますます波動が高くなる。神の波動に近づくからね。

# 龍同士にもご縁というのがあるんだね

**みっちゃん先生**　日本は、世界でも珍しい龍の国です。そして日本人は、もともと機嫌よくいることが得意な民族でもある。

つまり日本には、笑龍がたくさんいる、と思っていいでしょうか？

**一人さん**　たぶん、そういうことだろうね。笑龍の数をチェックしたことはないし、数えられるものでもないから、あくまでも一人さんの考えだけど。

それと、〝類友の法則〟っていうのがある。ようは、似た者同士が自然に集まるよってい う波動だよね。

その意味では、笑龍は、やっぱり笑龍と仲よくなるんです。

あなたが自分の龍を笑わせると、ほかの笑龍も呼び寄せるの。

**笑龍がついている人のところには、同じように笑龍のついた人がどんどん集まってきて、その相乗効果で〝笑龍×100〟みたいな、すっごい強運が生まれたりするよ。**

そして残念ながら、貧乏波動の人は、貧乏波動の人としか引き合わない。

**みっちゃん先生**　自分が機嫌よくして、明るい波動で龍を笑わせたら、自分の笑龍が別の笑龍とも仲よくなる。それがどこまでも連鎖して、どこへ行っても幸運に恵まれるという、一人さんみたいな奇跡の人になるわけですね！

一人さんはいつも、〝俺のいる場所がパワースポットだよ〟って言います。

それって、一人さんのなかにいる笑龍が、行く先々で別の笑龍と仲よくなっちゃうからだったのか〜。笑龍って最高ですね！

**一人さん**　そうなんだ。ちなみに、人間には〝ソウルメイト〟と呼ばれる、魂のつながりがあるでしょ？

**みっちゃん先生**　〝魂の仲間〟とも呼ばれる深いご縁のある相手のことで、ソウルメイトとは、前世もその前も、そしてこの先もずっと一緒に生きていきます。

この世での関係性は生まれ変わるたびに違い、前世は親子だったけど、今世は親友、来世ではきょうだい……みたいに、いろんな役割で関わり合いながら修行を積み、お互いに魂を磨き合って高めていく相手ですよね。

**一人さん**　それと同じように、龍の世界でも〝この人の龍と自分の龍は、深いご縁がある〟といった関係がある、と一人さんは思っているんです。

早い話、龍同士にも気の合う相手と、そうじゃない相手がいるってことだよな。

龍も人間と同じ。気の合う相手と一緒にいれば楽しいから、龍もそういう相手と一緒にいたい。そして自分とまったく波動の違う相手とは気が合わないだろうから、やっぱり笑龍にとってウマが合うのは、同じ波動を持つ笑龍なんだよね。

だから笑龍は笑龍を呼び、笑龍が集まるほど、その人の運気は爆上がりする。そういうことだと思います。

# 見えると思えば見える。それが龍の姿だよ

**みっちゃん先生**　私は、空に浮かぶ雲が龍の姿に見えたり、龍を感じたりすることがよくあります。

そういうときに写真を撮ってみると、龍の目としか思えないような雲や光が写り込むので、〝やっぱり龍さんがいる！〟ってうれしくなっちゃうんです。

一人さんは、どんなときに龍を感じますか？

**一人さん**　俺の場合は、いたるところに龍の姿を見つけるからなぁ。あまりにも日常で、いちいち覚えてない（笑）。

だけどいま思い出してみたら、ドライブしてるときにいちばんよく龍を感じるかもしれない。毎日、1～2回はそういう瞬間があるんじゃないかな。

それこそ空の雲もそうだし、海や川みたいな水辺、雨、葉っぱの水滴……龍はいろんなところにいるよ。夏場なんかは、ちょっと打ち水をしてる人がいると、そこに虹がかかって龍に見えたりさ。

**みっちゃん先生**　確かに、ドライブ中は本当によく龍に遭遇します！　やっぱり好きなことをしているときほど自分の機嫌はいいし、幸せな気持ちでいられるからでしょうね。

**一人さん**　そう思うよ。とにかく、この国には無数の龍がいる。自分のなかにもいるしね。

龍の国では、自分が見ようと思いさえすれば、いくらでも龍が見えるものだよ。

**みっちゃん先生**　それはそうと、日本には昇り龍、下り龍の両方の龍がいるというお話があったでしょう？　それにちなんだ、吉方位みたいなものってあるのかしら？

天に届けたい願いがあるときには、〝昇り龍の頭〟に位置する、北海道方面へ旅行するといいとか。

あるいは、天からのご加護を受けたいときは、〝下り龍の頭〟になる九州方面へ旅行するのがおススメとか。

そういう、日本列島と龍との関係があれば教えてください。


**一人さん**　こういうのは、信じて楽しめる人には本当にいいことがあるし、そんなのあるわけがないと思っている人には、なにも起きないものだろうね。

昇り龍に会いたいから北海道へ行くとか、下り龍のエネルギーをもらいたいから九州を訪れるとか、そういうのが楽しいタイプの人は、取り入れてみたらいいよね。

自分が楽しければ、ワクワクして機嫌がよくなるに決まっている。

龍を信じること自体、龍にとってはうれしいことでしょ？　そのうえ、あなたが機嫌よくなれば、笑龍のエネルギーもパワーアップして、もうワンランク上とか、もっと上の奇跡を起こしてくれるだろうね。

そしてその反対に、龍を否定し、自分や周りを大切にしない人は、どんなに評判のパワースポットへ行こうが、あまり意味がないんじゃないかな。

# 龍はうるさいババァじゃないからね（笑）

**みっちゃん先生**　ふつうの人は、機嫌よくいられる日もあれば、そうでない日もあると思います。嫌なことがあって、地獄考えでいっぱいになってしまったり、イライラが止まらなかったり……。

でも、**そのなかでも機嫌よくしようという気持ちがあれば、龍は味方してくれます。**

**一人さん**　龍は、自分の鏡だからね。機嫌よくしたいという気持ちがあって、それで少しでも笑顔になれたのなら、龍はちゃんと応えてくれます。龍の方も笑顔になる。

はじめから完璧にできるわけがないの。ちょっとずつ、だんだんに進歩すればいいからね。

龍はいちいち細かいことなんて言わないし、あなたに無理をさせたり、苦行を強《し》いたりすることもありません。重箱の隅をつつくようなこととか、うるさいババァみたいな嫌がらせもしないから安心しな（笑）。

**みっちゃん先生**　軽～い気持ちで楽しみなって、それが、龍が私たちに望むこと。機嫌よくして、幸せになりなって。

つい、細かいことが気になり〝こういうときはどうするの？〟〝その場合は、これで合ってるかしら？〟なんて悩む人もいると思いますが、あまり神経質にならず、ちょっとずつ上に行けばいいんですね。

**一人さん**　細かいことよりも、波動という大きな流れを意識することが大事だよ。

**龍がいつも自分のなかにいてくれるんだって信じ、困ったときほど龍に頼って、心を軽くしていること。**

あなたがいま背負ってる重い荷物は、ぜんぶ龍に渡しちゃいな。それであなたが笑顔になるんだったら、龍は喜んで引き受けてくれるからね。

**みっちゃん先生**　ちなみに、世の中には龍の存在を信じていない人もいると思います。そういう人でも、機嫌よくしてさえいれば、龍は笑ってくれるものでしょうか？

**一人さん**　笑ってくれますよ。なぜなら、その人自身が龍だから。

もちろん、龍を信じる人には、龍も笑ってくれやすいとは思う。けどね、龍を信じていようがいまいが、龍はいつも自分のなかにいる。

機嫌のいい人にくっついてる龍は、みんな笑龍なんだ。

# 第3章

# 最強の能力とは機嫌よくいられること

# 機嫌がよければ周りが勝手によくしてくれる

**みっちゃん先生**　世間ではよく、こう言われますね。

人によくしてもらいたければ、まず自分が与えなさいって。

そう聞くと、なにか特別なこと、難しいことをしなきゃいけないと思ってしまう人もいますが、全然そんなことなくて。

周りから喜ばれるのって、自分が機嫌よくいることなんですよね。

**一人さん**　その通りだよ。機嫌の悪い人がなにをしても、相手は喜んでくれません。

それに対して、自分が機嫌よくいればどんなことも好意的に受け止めてもらえるものだから、特別なことなんか意識しなくていい。**ニコニコしている人ってさ、ただそこにいるだけでみんなに好かれるんだよね。**

なにか揉《も》めごとが起きても、周囲の機転でうまく解決する。

ということを知らないから、ああでもない、こうでもないってこんがらがっちゃって、気を使うわりに〝どうして私はいつも人間関係でつまずくの？〟となるんだね。

**みっちゃん先生**　機嫌のいい人には、笑龍がついてくれます。それだけで最高の波動になるわけだから、ただそこにいるだけで、最強の波動を周りの人におすそ分けしていることになる。

だから〝あの人と親しくしていると、なぜかいいことばかり起きる〟と思われて、みんなに好かれるんですよね。

こちらがなにも言わなくても、周りの方が勝手によくしてくれる。一人さんが、その最高の例でしょう。

**一人さん**　人によくしてもらうために自分から人に尽くさなきゃとか、そんな難しいことを考える必要はないんだよな。

俺たちが意識すべきは、ただ１つ。自分が機嫌よくいることだよ。

たったそれだけでいいし、それさえできれば100点――いや、それ以上だね。

**みっちゃん先生**　機嫌のよさとは、幸せそのものですからね。機嫌よくしていて、自分が苦しくなることは起きようがないということです。

**一人さん**　機嫌のいい自分は、それだけで幸せ。

そしてあなたが幸せなら、周りの人もうれしいし、幸せなの。

機嫌よくいるのは、誰もが望むことなんだよね。あなたが世間に対して望むことであり、世間があなたに対して望むのもそう。

だから機嫌よく、いつでも笑顔でいるんだよ。それ以上のものはありえないからね。

## 失敗を失敗と思う心が「ダメの壁」をつくるんだ

**みっちゃん先生**　一人さんのように、自由に生きることを自分にゆるして思い通りに生きれば、機嫌なんて悪くなりようがないですね。

**一人さん**　人間、生きてりゃうまくいくときもあるし、そうでないときもある。でもね、成功したり失敗したり、いろんなことがありながら生きるから人生は面白いのであって、思うようにならないからっていちいち機嫌悪くしてたんじゃ、それこそ人生は闇だよ。

**みっちゃん先生**　失敗を、失敗だと思うからつらくなっちゃうんですよね。

失敗を恐れるあまり、本当に自分が進みたい道を閉ざし、世間的に成功の評価がもらえる道へ行ってしまう。

**それで地位やお金を手に入れたとしても、心が満たされていないと、人は幸せを感じられません。**

**一人さん**　俺に言わせると、この世界に失敗なんかない。〝これではうまくいかないんだな〟とわかったわけだから、それはそれで成功なんだよね。

ものごとは、やってみなきゃどんな結果になるかわかりません。それを確認できた、という成果が得られたんだよ。自分の経験値が上がったの。

そう思うと、うまくいかないこともぜんぶ成功のうち。行動したことに無意味なものはないし、失敗は1つもありません。

本来、この世界には成功か大成功しかないんだ。

**みっちゃん先生**　それを、見た目の結果だけで失敗と決めつけちゃうから、うまくいかないとガッカリするし、不機嫌が出てしまうんですね。

特に、完璧を求める傾向のある人は、失敗に対して拒絶反応を起こしやすいかもしれません。

**一人さん**　完璧主義の人ってさ、自分を認められないんだよ。ダメな自分をゆるせないし、失敗するような自分には価値がないと思い込んでるの。

まずはそこだよね。失敗を失敗と思う心が生む、〝ダメの壁〟を打ち破らなきゃいけない。

で、どうやったらダメの壁を撃破できますかっていうと、

**なんとかなる**
**まぁいいか**
**どうでもいい　どっちでもいい　どうせうまくいくから**
**このことがダイヤモンドに変わります**
**だんだんよくなる**
**未来は明るい**

みたいな、いままで一人さんがお伝えしてきた言霊《ことだま》（※）の力を借りるのがいちばん手っ取り早いだろうね。日常生活に、こういう天国言葉をできるだけたくさん散りばめるんだよ。

もちろん、なんでもないときに、ひとり言みたくつぶやいたりさ。

いま挙げた言葉以外でも、自分の好きな明るい言葉があればそれを唱えてもいい。

とにかくなんとしてでも明るく考えて、失敗を失敗と受け止めないことだよ。どんな自分も、そのままでいいんだってゆるしてあげな。

そうすれば機嫌だってよくなるし、笑顔が出てくるからね。


（※）言葉には、その言葉が持つ意味と同じエネルギーが宿っている。

## 「いいことがある→機嫌がよくなる」は順番が逆

**みっちゃん先生**　機嫌よく過ごすには、自分にとってなにが心地よいかを知ることがポイントになります。それが見つけやすくなるコツみたいなものってありますか？

**一人さん**　これはもう、自分で見つけるしかないよね。だってさ、俺の心地よいことが、みんなにとって同じように快適かって言うとそうじゃない。こういうのは、1人ひとり違うものだからね。

**まずは、機嫌のいいときの自分と、どうしても機嫌よくできないときの自分の気持ちを、よーく観察してみな。**なぜ、いま自分は気分がいい（悪い）んだろうって。

そうすると、自分の好き嫌いがだんだん見えてきます。それを踏まえて、自分ができるだけ機嫌よくいられる環境をつくればいいよね。

**みっちゃん先生**　私が昔から意識し続けているのは、日常のちっちゃなことでも、自分に我慢させないってことかな。〝本当はあれが好きだけど、人目が気になるからこっちで我慢しよう〟とか、そういうのは極力しません。

我慢ほどストレスになるものはないんですよ。我慢は自分へのイジメだから。

いつでも自分の好きな方、楽しそうな方を選ぶ。
これがご機嫌でいる秘訣だし、どんどん生きることが楽になります。

**一人さん**　機嫌の悪い人ってさ、こんなことしちゃいけないとか、ああしなきゃいけないとかって、へんてこりんな観念で自分に我慢させすぎなの。そんなことしてるから、おかしくなるんだよね。

そりゃあ、人に迷惑をかけることはダメだよ。でもそうじゃないんだったら、いくらでも自分を甘やかせばいいし、自分にいっぱいご褒美をあげなきゃ。

自分のことは、自分がいちばん可愛がるのが本当なんです。

**自分ですら自分を可愛がらず、我慢ばかりさせていたら、ほかの人が大事に思ってくれるわけがないよ。**

**みっちゃん先生**　それに、多くの人は間違った解釈をしているところがあります。

いいことがあれば笑えるけど、嫌なことしかないのにどうやって笑うんですかって。それ、実は順番が逆なのよね。

**一人さん**　そうだね。いいことがあったから機嫌がよくなるんじゃなくて、機嫌のいい人に、いいことが起きる。これが宇宙的に正しい順番だよな。

いいことがあって初めて機嫌がよくなるとか、感謝するとかって、そんなの当たり前なんです。

**この世での修行というのは、なんでもないときに、いかに機嫌よくできるかなの。**

で、その難しい修行に果敢《かかん》に挑戦して、ちょっとでもできたら神様がマルをくれるんだよ。龍が笑って、最強の応援団長になってくれる。

ここを間違えちゃいけないんだ。

## 機嫌のいい人って すごく気が利くよ

**みっちゃん先生**　一人さんを見ていていつも思うのですが、機嫌のいい人って、すごく気遣いができるんですよね。

**一人さん**　それはそうかもしれない。機嫌がいいってことは、心に余裕があるはずでしょ？　そうでなきゃ、そもそも機嫌よくできるわけがないから。

ゆとりがあれば、じっくり周りを観察することもできるよね。

それと、機嫌のよさは愛の表れでもあるわけで、愛があれば人への思いやりだって当たり前に出てきます。

機嫌のいい人はよく気がつくっていうのは、当然の流れだろうね。

**みっちゃん先生**　機嫌のいい人には、周りも頼みごとをしやすい。そしてお願いされたら、機嫌がいい人は気持ちよく引き受けます。

もし自分にできないことをお願いされたって、機嫌のいい人は、感じのいい断り方ができます。ふつうの断り方をしたって、機嫌がいいというだけで、相手には感じよく聞こえるものでしょう。

そうすると、特に意識して気を利かせなくても、周りからの評価は〝あの人は感じがいいね〃ってなる。それが、人の気持ちに寄り添える〃気遣い上手な人〃という印象にもつながると思います。

**一人さん**　機嫌がいいって、本当にオールマイティなんだ。

**みっちゃん先生**　機嫌よくいれば、周りからの評価は本当に高くなります。その意味で言えば、実際には気が利かないとしても、ほかの人にはそう見えないのかも（笑）。

あと、機嫌がいい人は、自分や人の長所を見つけるのもうまいと思います。

**一人さん**　**機嫌がよくて心にゆとりがあれば、自分のいいところも、人のいいところも、自然に見えてくるよね。**

長所がいっぱい見えると、〃俺って最高だな！〃〃あの人って素晴らしいな！〃って思うのが当たり前でしょ？　そしたら、うれしくてまたご機嫌になるんだよ。

その反対に、機嫌が悪い人は、自分のことも周りのことも、いいところがなかなか目に入ってこないだろうね。

**みっちゃん先生**　人は、波動の世界で生きています。自分の意識しているものが見えるし、自分の波動通りのことを引き寄せる。

だから、機嫌の悪い人はものごとの暗い面、面白くない面しか見えない。

自分のことも、嫌な部分ばかり目につくんですね。

**一人さん**　機嫌のいい人は、どんな相手に対しても明るい面、楽しい面しか見ないし、周りへの感謝も当たり前にある。そうすると、一緒にいる人にさらっと褒め言葉も出てくるよな。感謝の気持ちが、相手へのさりげないやさしさとして表れる。

はっきり言って、こういう人がちょっとぐらい気が利かないとかあっても、周りはまったく気にならないと思います。

**みっちゃん先生**　その人の苦手なところは、周りがいくらでもサポートしてくれるでしょうしね。

**一人さん**　正直言うと……一人さんも、ある部分では気が利かないかもわかんない（笑）。

俺はカレンダーで日付けを確認したり、人の誕生日やなんかを覚えたりするのがすっごく苦手なんだよ。自分の誕生日がきても、周りから教えてもらうまで気づかないぐらいで（笑）。

年賀状だって出したことがないし、お中元やお歳暮なんかも送らない。

もし俺がいつも機嫌の悪い人間だったら、周りから〝年賀状を出しても音沙汰《おとさた》がない〟〝お返しもない〟みたいな声が聞こえてくるだろうけど、そんな批判は一度も受けたことがないんです。

なぜかと言うと、一人さんはそれ以上のものをみんなにあげているからだよ。

機嫌のよさという最高の波動で愛を出しているから、むしろ相手は〝いつも一人さんからもらってばかりです〟なんて言ってくれるんだ。

## 人のことはいい。自分の機嫌だけ取りな

**みっちゃん先生**　大切な人がいる場合は、その人のなかにいる龍にも笑ってもらいたいですよね。そういうとき、相手のためになにかしてあげられることはありますか？

**一人さん**　人のことはどうにもならない。でもね、自分が機嫌よくしていれば、おのずとうまくいくようになっているんだ。

自分が機嫌のいい波動を出していれば、その波動が相手に伝わって、勝手にその人の波動も整えてくれる。

**波動がよくなれば、誰だって機嫌がよくなるに決まってるんだから、その人の龍だって笑うよ。**

**みっちゃん先生**　目の前にいる人に元気がない、助けてあげたいと思ったときほど、自分が最高に機嫌よくする。それがいちばんの人助けですね！

**一人さん**　そういうこと。間違っても、相手のモヤモヤ波動に引っ張られちゃダメなの。

よくあるのが、相手の気持ちに寄り添っているつもりが、同情になっちゃってるケースなんだけど。

それは一見、やさしいように見えるかもしれない。でもそれをやっちゃうと、自分まで相手の波動に引き込まれちゃうんだよ。

過剰な慰めは、低い波動に同調することになる。お互いの波動を下げ合うようなことにもなりかねないんです。

**みっちゃん先生**　だからこそ、なにがあっても自分だけはいい波動を出すぞって。この決意というか、覚悟を決めることがポイントですね。

**一人さん**　覚悟といっても、大した話じゃなくて。

たとえば俺の場合だと、もし機嫌の悪い人が目の前に出てきたら、すごい妄想ゲームしちゃうよ。〝この人はあちこちに彼女（彼氏）がいて、あまりの忙しさに疲れちゃってるんだな〟とか（笑）。

そうやって笑い飛ばしてると、いくら相手が低い波動を出しまくってても、絶対に飲み込まれないからね。

**みっちゃん先生**　さすが、一人さん（笑）。楽しい冗談って、やっぱり最強です！

ところで、小さい子どもや認知症のお年寄り、脳に障害のある人……といった感情のコントロールが苦手な人の場合は、どうすれば龍に笑ってもらえますか？

**一人さん**　これもさっきと同じで、人のことはどうにもならないんだよ。できるのは、自分のことだけなの。自分で自分の機嫌が取れない人が身近にいるのなら、あなたが機嫌よくしているしかないんです。

波動って、もろに影響する。だからあなたが心配ばかりしていると、相手も心配の波動になっちゃうんだ。

**その反対に、あなたが明るい波動を出し続けていれば、相手の波動もそれにつられて必ず上がります。**

波動を上げるも下げるも、そばにいるあなた次第。関わる人の機嫌がいいと、相手の機嫌もよくなるし、龍も笑い出すよ。

と思って、心配ばかりせず楽しく生ききな。それがいちばんだからね。

**みっちゃん先生**　はなゑさん（一人さんの弟子・舛岡《ますおか》はなゑさん）が言ってたんだけど、私たちの仲間のなかには、自閉症のお子さんを持つお母さんもいるんです。

その親子の様子を聞くと、以前はお母さんが我慢していたり、イライラしたりということもあったのですが、その頃はお子さんの機嫌も悪くて大変だったそう。

でも、機嫌よくいることの意味を知ったお母さんが笑って過ごすようになると、お子さんまで激変して、いまではすっごく機嫌がよくなったそうですよ！

# 嫌なやつがいることすら「ツイてるぞ」

**みっちゃん先生**　職場や学校など身近に嫌な人がいて、毎日顔を合わせなきゃいけない状況に悩む人もたくさんいます。

もし一人さんがそんな場面に出くわしたら、どんなふうに解決しますか？

一人さんの前にはそういう人はまったく出てこないので、これは想像してみてもらうしかないのですが（笑）。

**一人さん**　いつも以上に、徹底的に自分の機嫌を取るだろうね。

嫌なやつのことはどうでもいいし、その人をなんとかしようとはしません。

力業《ちからわざ》で相手を変えようとしても絶対にうまくいかないし、やればやるほど自分が疲弊するだけだから、そんなことは考えない方がいいんだ。

夜空の星って、きらきら光ってきれいでしょ？　あれは、闇夜だから美しいの。昼間の明るいときに光ったって、星はちっとも見えないでしょ？

それと同じで、周りに嫌なやつがいればいるほど、そこで機嫌よく笑ってる自分が光りまくるんだよな。周りじゅうがいい人ばっかりだと、ちょっとぐらい自分が光っても目立たないだろ？（笑）

そんななかで人並み以上に光るためには、それこそ大変な労力が必要になる。ものすごい親切をするとかさ。

と思ったら、俺なんて嫌なやつがいることすら〝ツイてるぞ〟ってなるけどな。

**みっちゃん先生**　確かに、周りが暗闇だと自分がすごく光って見えるからラッキーかも♪

たとえは悪いかもしれませんが、ダークなイメージの人がほんのちょっとゴミを拾ったりしただけで、なぜかびっくりするぐらい印象がよくなるってことがあります。

闇の中で光るから目立つというのは、そういうのに似てますね。

もちろん、だからって悪人になるのはダメですけど。

**一人さん**　そうだね。そして実を言うと、この世の中には、暗闇でも光ることができる人って案外少ないんだよ。

つまり、どんな環境でも機嫌よくいられる人は、それだけで目立つ。

嫌なやつがいると腹も立つだろうし、気分も悪くなるのは理解できます。でもさ、**心ではどう思っていても、そこでいかに機嫌よくできるかで人生は大きく変わる。**

笑顔に味方してもらいたければ、〝こういう場面こそチャンスだ〟と思って笑うしかないんだ。

**みっちゃん先生**　最強の能力とは、機嫌よくいられること。

どんな相手が目の前に出てこようが、自分の気持ちひとつでいくらでも幸せになれるし、機嫌さえよければ、いくらでも自分のいる場所を天国にできますね！

## 好きを見つけるには挑戦するしかないよ

**みっちゃん先生**　自分の機嫌は、自分しか取ることができません。人に機嫌を取ってもらおうとするから、泣いたり悔しがったりすることになるのであって、自分で自分の機嫌を取ると決めてしまえば、実は機嫌よくいるのってそう難しいことじゃないと思うんです。

**一人さん**　一人さんに言わせると、なぜみんな自分の機嫌を取ることが難しいんだろうって思うよ。自分の機嫌をコントロールするのって、本来はそれぐらい簡単なことなんだよね。

**自分の機嫌が取れないのは、自分らしく生きてないからなの。**

人の言うことに振りまわされたり、我慢や辛抱で自分を苦しめたり。魂が望む道を進んでいないんだよ。

俺みたく、自分の〝好き〟をいっぱい集めて好きなものに囲まれながら生きていれば、人生って楽しくてしょうがなくなるんです。おのずと、機嫌よくいられる。

自分の好きなように生きていても機嫌が悪いんですって言う人は、なにかが間違ってるんだよ。

**みっちゃん先生**　表面的には自分の思う通りに生きているつもりでも、どこかで人の目を気にしていたり、我慢していたり。そういうのがあるんでしょうね。

自分が好きかどうかより、世間体がいいとか、人に羨《うらや》ましがられるからとか、そちらを基準にしてしまうと、はじめはよくても、ずっと機嫌よくいるのは難しいと思います。

仕事でもなんでも、自分が本当に好きなことじゃなければ、成功の基準が人からの評価になってしまうでしょう？　それだと、人の評価が得られなくなったときにたちまち苦しくなってしまう。

自分が好きなことでなければ、そもそも情熱を注ぎ続けることもできませんよね。

**一人さん**　だからこそ、自分が本当に好きなものを見つけなきゃいけないよね。で、好きを見つけるには、いろんなことに挑戦して失敗（本当は失敗じゃないけれど）を重ねるしかない。

**この地球は、行動の星なんです。**じっと待っているだけでは、好きなことは見つからないようになっているんだよね。幸せは、向こうから来てくれるものじゃないんです。

で、そう言うと〝生きることは大変なんですね〟とかって思う人がいるかもしれないけど、笑ってたら行動することも楽しくてしょうがなくなるよ。

**みっちゃん先生**　だから、まずは笑うことですね。人間は、笑いながら不機嫌でいることはできないから。笑えば絶対、あらゆることが楽しくなる。

楽しかったら行動することも苦にならないし、機嫌よくい続けられます。

**一人さん**　ふつうの人って、機嫌のいいときとそうでないときの波が大きいんだけど、一人さんの場合は波が小さいの。もっと言うと、波がまったくない。

だから、機嫌を取るためになにかする必要もないし、ふつうに生きてるだけで機嫌がいいんです。

波がない、と言うと答えにならないように思うかもしれないけど、そういう人だっているんだよ。そしてあなたもそうなるのに、特別なことはいりません。

笑いながら自分らしく生きれば機嫌の波なんかなくなって、いつも機嫌よくいられる。笑龍に応援されて、奇跡の人生を生きられるよ。

# 第4章

# 「笑う門には福来る」は宇宙の真実

# 「褒め道」の達人はどんな人でも機嫌よくしちゃうよ

**みっちゃん先生**　病院の受付やお店のレジなどで、たまに感じ悪い人に遭遇することがあるんです。よく言えばクールなのかもしれないけど、ちょっと残念な感じの人。そんなとき、一人さんに褒めて育ててもらった私としては、つい実践したくなるんです。こういう人を褒めると、どういう反応をするかなぁって（笑）。

それで、受付やレジの人ってたいてい胸にネームプレートをつけているので、それを見ながら声をかけるんです。

**〇〇さんって、おきれい（素敵）ね～♪**

**〇〇さん、説明がとってもわかりやすいです～♪**

本当はそんなふうに思ってなくても、すっごい笑顔で褒めちゃうの（笑）。

過去に何度か会ったことのある相手なら、〝いつも笑顔で素敵ですね♪〟〝今日も会えてうれしい♪〟みたいな枕詞《まくらことば》も添えて。

**一人さん**　面白いぐらい、急に態度が変わるだろ？（笑）

**みっちゃん先生**　そうなの！（笑）　さっきまでブスッとしてた人が、〝え～、本当ですか⁉　うれしい〟なんて笑顔を見せて、すっごく機嫌のいい人になって接してくれる。

で、会うたびに〝今日も機嫌よく接していただいて、気持ちいいわ～♪〟って声をかけたりしていると、完全に機嫌のいい状態が定着して、お互いにいい気分で過ごせるんですよ。

これこそが「褒め道」の醍醐味《だいごみ》であり、私は過去にそういう人を数えきれないほど見てきたので、確信しています。

どんな機嫌の悪い人でも、自分が最高の波動で接していると、相手は必ずその波動に引っ張られて笑顔になるって。

**一人さん**　みっちゃんは、褒めの達人だからね。どんな機嫌の悪い人が出てきても、片っ端から笑顔にしちゃう。
　魔法でもなんでもないんだよ。やれば誰にでも、当たり前にできるの。

**みっちゃん先生**　そうなんです。しかもこれをやってると、一人さんが言うように、本当に嫌な人って出てこなくなる。
　ほかの人に対しては嫌な態度でも、なぜか私たちの前では機嫌がいいという（笑）。恵美子さん（一人さんの弟子・柴村恵美子さん）なんかもやっぱり褒め上手なので、みんなに嫌われている人が、なぜか恵美子さんのことだけは、ものすごく可愛がってくれるっていうケースが当たり前にあるんですって。

**一人さん**　前にも言ったけど俺の場合は、嫌なやつが出てきても〝この人は、彼女（彼氏）が多すぎて疲れちゃってるんだな〟って妄想で笑い飛ばす（笑）。
　みっちゃんや恵美子さんは、褒め作戦で目くらましする（笑）。
　どちらも、自分自身の機嫌がよくなる。

それに、だんだん嫌なやつが出てこなくなる。

という結果になるわけだけど、やり方としてはそれぞれ違うわけだよ。

だから、みっちゃんと俺のやり方を聞いてどっちを参考にするかは自分で決めてもらっていい。そして、どちらも自分に合わないことだってあるから、その場合は別の方法を探せばいいよね。

同じ目的地を目指していても、自分にとっての正解ってみんな違うの。指紋と同じで、その人にぴったり合う意見と、合わない意見があるんです。

それこそ人の数だけやり方があるわけだから、自分に合う方法が見つかるまで、いろんなものを試してみたらいいと思うよ。

## 一人さんの朝は「ツイてるな」からはじまる

**みっちゃん先生**　一人さんは、朝起きたときにまずどんなことを考えますか？

**一人さん**　目が覚めたら、ほとんど反射的に〝**今日もツイてるなぁ〜**〟って思うね。意識的にそう考えているわけじゃなくて、勝手にそういう気持ちがわきあがるの。

いつも通りに目が覚めたこと。

また楽しい1日が過ごせること。

一人さんはそれがすごくありがたいし、うれしいんだよ。大げさでもなんでもなく、目が覚めただけで奇跡だと思っています。

**朝になれば目が覚める。みんなは当たり前に思うかもしれないけど、毎朝ちゃんと目が覚めるのは、決して当然のことではありません。**

世の中には、眠ったまま目が覚めない人もいます。まだ生きていたいのに、その願いが叶わず亡くなってしまう人って大勢いるの。

その人たちの無念を思うと、俺は〝今日も無事に目が覚めた。これは本当にツイてるぞ！〟って。

この奇跡を大事にして、今日も1日、悔いのないよう笑って生きようと思うんだ。

**みっちゃん先生**　本当ですね。私も、いま生きていることに感謝しかありません。

しかも、ただ生きているだけじゃない。笑龍に守ってもらい、こんなに豊かで楽しい人生はありません。これ以上の幸せはないです。

一人さんの言うように、朝、目が覚めただけでとんでもない奇跡。それなのに機嫌悪くしてたんじゃ、龍に申し訳なくなります。

そういえば、一人さんのこんなエピソードがあって。

私たち弟子の間では有名な話なのですが、一人さんって、眠っているときもしょっちゅう笑うんですよ（笑）。寝てても機嫌がいいという（笑）。

**一人さん**　自分ではわからないけど、周りに聞くとそうらしいね（笑）。
本当に機嫌のいい人って、１日24時間、１年３６５日、途切れることなく機嫌がいいものだと思うから、俺としてはなにも不思議はないんだけど。

**みっちゃん先生**　いったい、どんな夢を見ているのかしら？

**一人さん**　幸せな夢には違いないんだろうけど、さすがに内容は覚えてないなぁ（笑）。

だけど、亡くなったお袋さんの夢は何度か見たことがあって、そのときほどうれしかったことはない。

また会いたいなぁって、お袋さんが夢に出てきてくれるのをいつも待ってるよ。

**みっちゃん先生**　私も、亡くなった家族が夢に出てきてくれたことがあります！　元気だった頃のように、みんなでワイワイおしゃべりして♪　うれしかったな〜。

そんな日は、朝の目覚めもいつも以上に最高ですね。

ちなみに、寝起きの悪い人も世の中にはけっこういるらしいんです。

そういう人は、現実の世界でなにか苦しいことがあって、それが寝起きの悪さに関係しているのでしょうか？

**一人さん　目が覚めた瞬間、また苦痛の1日がはじまると思うから気が滅入るんだろうね。**

だってさ、自分の好きなことができる日は、どんなに朝が早かろうがスカッと目覚めるんじゃないかい？

遠足の日に子どもが機嫌よく起きてくるのと同じで、朝からゴルフに行くとか、釣りに行くとか、そういう楽しい予定があるときは、大人だって仕事のときとは目覚め方が全然違うよな（笑）。

毎日が楽しければ、いつだって機嫌がいい。好きなことばかりしていれば、それこそ一人さんみたく、寝ながらでも笑うだろうね。

## あるものぜんぶ使って自分を楽しませな

**みっちゃん先生**　銀座まるかんの本社には、昔から、絶えず猫ちゃんがいます。私やはなゑさんも、自宅では猫ちゃんを飼っているし、ほかの仲間たちもとにかく動物好き♡

そんな私たちがこれだけ豊かでいられるわけだから、きっと、動物にも神的な力があるんだろうなって。私はそう思っているんです。

実際、猫やフクロウなんかは〝幸運をもたらす〟〝金運を授けてくれる〟といった言い伝えもありますしね。

**一人さん**　俺も、動物には不思議な力があると思うよ。猫やフクロウのほかにも、縁起がいいとされる動物ってたくさんいて、ヘビを見るとお金が入ってくるとか、ツルやカメが長寿の象徴だとか。そういうのもぜんぶ、一人さんは信じています。

ただ、それを科学的に証明できるわけじゃないし、みんなにも信じてほしいと思っているわけでもないの。

こういうのは、正しいかどうかより、自分が楽しいと思うかどうかなんです。古くからの言い伝えなんかもいろいろあるけど、ウソか本当かは大して重要じゃない。自分に都合よく考えるのが正解なの。

**使えるものがあればぜんぶ使って、徹底的に自分の機嫌を取るべきなんだよ。**

で、一人さんの場合は〝人間の目には見えなくても、不思議な力ってあるんだろうな〟と思った方が楽しいタイプだから、不思議な話を楽しく信じています。

**みっちゃん先生**　私たちは楽しいのが好きだからね。

科学的に証明できるかどうかに関係なく、自分がワクワクすること、笑顔になれることだったらなんでも受け入れる。これが一人さん流です。

**一人さん**　楽しければ、勝手に機嫌よくいられる。どう考えたら自分が笑顔でいられるか、なにを選べば自分の心が満たされるかってことを軸にしていると、どうやったって機嫌のいい時間が増えるんだよ。

さっき、みっちゃんが〝猫のおかげで豊かになれた〟と言ったでしょ？　それは俺も同じように思っているんだけど、そう思っている人には、それが真実なんだよな。

猫のおかげだねって笑えば、自分のなかの龍も笑ってくれる。

**笑龍が味方してくれるんだから、それで明るい人生にならないわけがないんです。会社だろうがなんだろうが、なんだってうまくいくよ。**

日本には、〝笑う門《かど》には福来《きた》る〟という言葉があるでしょ？　あれはまさに、宇宙の真実を言っているんだ。

**みっちゃん先生**　ホント、その通りです。だから、たとえば犬を飼っている人なら、〝うちの子は不思議な力のある狛犬《こまいぬ》なのよ〟なんて思えばいい。ハムスターでもカブトムシでも、ペットはみんな幸せを運んできてくれる生きものです。

**一人さん**　もちろん、ペットを飼っていない人は、自分の好きなアイテムを大切にするとか、なんでもいいよ。

それで自分が笑顔になれるんだったら、あなたの運気は爆上がりだからね。

## 斎藤一人そのものがラッキーアイテム

**一人さん**　多くの人は、〝これを持っていると運気が上がる〟〝部屋にこれを置くとエネルギーが上がる〟みたいな、ある特定のアイテムを持つことで特別な力がもらえると思いがちなの。でもね、本当はそうじゃない。

**なにを持つかより、自分の波動が上がるものを選ぶことが大事なんだよね。**

**みっちゃん先生**　いつでも機嫌よく、笑顔でいること。それに勝る開運アイテムはありません。機嫌よくいられたら、特別なものなんかなくても運気は絶対に上がりますね。

**一人さん**　その通りだよ。この世界でもっとも影響力があるのは、波動なの。波動を上げて笑龍に味方してもらってみな。自分の身ひとつでいくらでも奇跡が起こせるから。

という意味で言えば、俺は斎藤一人というラッキーアイテムを持ち歩いているんだな（笑）。最強のラッキーアイテムは、俺自身です。

**みっちゃん先生**　そうですね！　実際、一人さんっていつも手ぶらだもの（笑）。

**一人さん**　なにか決まったものを所有するとか、ラッキーカラーを身につけるとか、俺はそんなの考えたこともないんだよ。タオル1枚あれば、それで生きていける（笑）。

**みっちゃん先生**　一人さんファンからすると、そのタオルがすっごいラッキーアイテムになっちゃうけどね（笑）。布きれ1枚でも、みんなが欲しがって大変です（笑）。

たとえば、銀座まるかんでは年に1回、全国から2000人規模で仲間が集まる盛大なパーティーを開催するのですが（ここ数年はコロナ禍《か》で中止しています）、そのときなんて、一人さんが使った箸袋を欲しがる人が大挙して押し寄せるから、ものすごい争奪戦で（笑）。

**一人さん**　ふつうは、使い終わった箸袋なんか持って帰ったって、なんの役にも立たないの（笑）。だけど、俺が使った箸袋はラッキーアイテムになると喜んでくれる人がいるんだよな。

一人さんが選ばれた人間だとか、みんなより格上だとか、そんな話じゃないの。みんなが本当に欲しいのは、斎藤一人という人間が出す〝波動〟なんだよね。一人さんが使ったものには最高の波動が宿っていると思うからこそなの。

**みっちゃん先生** 一人さんを連れて帰るわけにはいかないから（笑）、せめて、一人さんが使ったものから波動をあやかろうっていうことですね。

**一人さん** でも俺にとっては、そういうものはない。自分自身がいつだって最高の波動で生きているから、誰かの波動を欲しいとか思わないんだよ。

で、自分自身がラッキーアイテムだから、いつも自分を持ち歩いている。このラッキーアイテムだけは、一度も忘れたことがありません（笑）。

でもね、みんなだっていい波動を出せば、一人さんからなにかもらう必要なんてない。自分の波動だけで勝負できるからね。

ちなみに、みっちゃんにはなにかラッキーアイテムがあるのかい？

**みっちゃん先生**　私は……結構ありますよ。一人さんが使う扇子《せんす》やティッシュ、お水、お菓子とか。一人さんの七つ道具というか、日用品ですね（笑）。

一人さんが使うものだから、これが私にとって最高のラッキーアイテムです！

## へんてこりんな迷信は信じなきゃいい

**みっちゃん先生**　さっきの話とは反対に、人間の世界には、さまざまな悪い言い伝えもありますね。

黒猫が目の前を横切ると悪いことが起きる、夜に爪を切ると親の死に目に会えない、4と9の数字は不吉、雛人形《ひなにんぎょう》を玄関に飾ると運気を吸い取られる……みたいな迷信も多く存在します。

**一人さん**　そういうのは、俺はまったく信じないね（笑）。気にしたこともないです。

**悪い話がいかにも真実のように語られることがあるけど、一種の娯楽話として聞き流すのがいちばんだよ。**

**みっちゃん先生**　遊園地のお化け屋敷と同じですね。中の幽霊は本物じゃないとわかっているけど、怖いもの見たさで、みんなエンターテイメントとして楽しむでしょ？

迷信に興味がある人はそういう位置づけで捉えたらいいし、悪い話は怖くて聞きたくないという人は、そもそも信じなくていい。

**一人さん**　楽しい話のときは〝科学的に証明されてないから〟とか拒否して、悪い話だけはなぜか信じる（笑）。だから不安になるんだよ。

いちいち悪い方へ考えて、それでどうやって楽しい気分になるんだい？

一人さんなんて、黒猫が目の前を横切りまくりなの（笑）。だって、黒猫を飼ってたこともあるぐらいだからね。黒猫ってきれいだし、すごく可愛いよ。

**みっちゃん先生**　私も、黒猫はツヤッとしていて器量よしだと思うな〜。むしろ、黒猫は運気を上げてくれる生きものじゃないかしら？

あと爪の話にしても、私はいつも夜に切ってます（笑）。それで悪いことがあるのなら、私がこんなに幸せなのは矛盾がありますね。

そもそも、現代人はとても忙しい。明るいうちに爪を切ることができる人って、そんなにいないかもしれません。

**一人さん**　雛人形の話も、おかしいよな。雛人形というのは、天皇、皇后の姿を表現していると言われるの。その天皇は日本の象徴であり、天皇にとって、民（国民）は宝なんです。
こういう意味があるのに、雛人形が人の運気なんか吸い取るわけがない。宝の運気を吸い取る皇族が、どこにいるんだい？（笑）
それと一人さん的には、雛人形を決まった時期にしか飾らないこと自体、違和感があって。季節外れに飾るのはおかしいだのなんだの言うけど、もともと天皇や皇后は、毎日でもああいう正装をしていたわけだから、雛人形だって好きなときに飾っていいはずだよ。

どこに飾ろうが、いつ飾ろうが、それで自分の機嫌がよくなるんだったら、言い伝えなんか気にする必要はありません。

**みっちゃん先生**　以前、はなゑさんが訪れた旅館には、それは立派な雛人形が玄関口に飾ってあったんですって。

雛人形を玄関に飾ると運気が落ちるのなら、商売繁盛を気にする旅館が、よりによって玄関に飾ったのはどういうことでしょう？（笑）

けっきょく、**迷信は迷信に過ぎないということですね。楽しいこと、明るい話だけ信じて、悪い内容は受け流すのがいちばんです！**

## 魅力的になればスポンサーもついてくる

**一人さん**　たとえば、大の旅行好きがいるとするじゃない。その人は、めちゃくちゃ旅行が好きなんだよね。

そうすると、働くのが苦にならなくなるんです。

旅行するにはお金がかかるから、旅行をうんと楽しもうと思ったら豊かになるしかない。いっぱいお金を稼いだらどこへだって好きに行けるわけだから、ガンガン稼ぐぞって、勝手にやる気が出てくるものなの。

**みっちゃん先生**　それ、わかります。たとえ仕事のなかに嫌な業務があったとしても、〝これを楽しく攻略して、結果を出して出世するぞ！〟っていう気持ちになるんですよね。

嫌だったはずの仕事が、急に楽しくなる。

と思うと、趣味に対する〝好き〟をとことん追求することが、実は仕事が楽しくなるいちばんのコツでもありますね。好きの度合いが大きくなればなるほど、仕事への情熱も膨らむはずだから。

**一人さん**　好きの力は、それぐらいハンパない。だから一人さんはいつも、〝好きなことを楽しみな〟〝自分に我慢させちゃいけないよ〟って言うんだ。

**みっちゃん先生**　ただ、働くのが苦にならないほどの楽しい趣味がすでにある人はいいと思いますが、そういうのがなかなか見つけられない人もいるようです。そういう人たちに、一人さんからなにかアドバイスはあるでしょうか？

**一人さん**　それはなかなか難しい相談だなぁ……。趣味なんていうのは、自分で見つけるしかないからね。

会ったこともない人に、〝私好みの女性はどんなタイプでしょうか？〟とか聞かれても答えようがないだろ？（笑）　そんなの、一人さんにわかるはずがない。

**自分が楽しく感じること、好きなものというのは、人に決めてもらうものじゃないからね。いろんなことに挑戦してみるしかないと思うよ。**

でもね、彼女（彼氏）の問題に関しては1個だけ答えられます。

自分に合った相手を見つけるには、自分がめちゃくちゃモテる人間になればいいんです。そうすると、山のように女性（男性）が言い寄ってくるから、あなたはそのなかから自分好みを選べばいいだけ（笑）。

大勢のなかには必ず好みの相手がいるはずだから、簡単な話だよ。


**みっちゃん先生**　モテる人間になるっていうのは、恋人探し以外にも役立ちますね。

自分が魅力的になれば、スポンサーが現れるかもしれません。

そうすると、趣味に必要なお金を自分で調達しなくても、スポンサーが出してくれるってこともあると思いますよ。

## ピンチのときは対処法を考えるより先に笑顔

**一人さん**　俺たちには、神様がくれた2つの修行があるんです。

それはなにかと言うと、〝**人間関係**〟と〝**お金**〟なの。

でもね、実はこのどちらも一挙に解決しちゃう方法があって。1つの解決法を知っていれば、2つともうまくいく。

それが、機嫌よく生きることなんです。

いつもニコニコ機嫌のいい人は、周りから好かれる。だから、人間関係でつまずくことはないでしょ？

それからお金の問題にしたって、機嫌よくしていると、なぜか困った状況にはならないの。困っても、必ずうまくいくようになっている。

理屈じゃないんです。波動の問題なんだよね。不思議な話だけど、自分のなかにいる龍が助けてくれるんだよ。


**みっちゃん先生**　人生には、いろんな場面が訪れます。大切な人との別れや、失業……みたいな、起きてほしくないピンチに遭遇することがあります。

そういう壁に直面しても、慌てないことですね。対処法を考えるより先に、まずは深呼吸して落ち着いてほしいです。

そして、心では泣いていたとしても笑顔になる。とにかく、機嫌よく過ごすことを考えるのがいちばん重要です。

これができるかどうかが、その後スムーズに人生を立て直せるかどうかの分かれ道でしょう。

**一人さん**　どれだけ機嫌よく過ごせるかが、この星での最大の修行だね。

特にお金の問題に関しては、どうしても気が急《せ》いてしまうところがある。支払い期限が迫っているのにお金が足りないとか、そういうときに追い詰められちゃう気持ちもわかるんです。

だけどそういうときほど、お金を手に入れることばかり考えちゃダメなの。

お金が必要なのに、まず笑顔になりなと言われても、遠回りしているように感じるかもしれない。でも〝急がば回れ〟という言葉があるように、遠回りのようで、実はそれがいちばんの近道だってことがあるんだよ。

人生においては、笑顔で機嫌よくいることが幸せへの最短距離。

**焦《あせ》ってても問題はこじれるだけだから、追い詰められたときほど笑った方がいい。**

そうすれば、急にうまい知恵が出てきて難を逃れたり、思いもよらない人から手を差し伸べられたりして、驚くような明るい展開になるものだよ。

## あなたには簡単に豊かになれる力がある

**みっちゃん先生**　お金については、一人さんが日ごろの心がけも教えてくれましたね。

**一人さん**　まず、人生には、人それぞれ景気のいいときと悪いときがあるんです。**誰でも一生のうちに景気のいいときは必ずあるから、そのときしっかり貯《た》めておかなきゃいけない。**

ちょっとお金ができたからって無駄遣いしてると、景気が悪くなったときにたちまち困るんだよ。

こういうことをわかっていないと、お金の神様に見放されてしまいます。

**みっちゃん先生**　私たち弟子も、一人さんから〝お金は絶対、残しておきなよ〟と教わりました。後から税金などの大きな支払いがあっても困らないようにって。
私たちが見栄で散財しないように、うっかり気を大きくしすぎないように、一人さんは繰り返し〝ちゃんとお金を残してるかい？〟って声をかけてくれましたね。

**一人さん**　お金が入ってくると、人間はつい見栄を張りたくなっちゃうことがある。悪気なく威張ってしまう人がいるの。

でもね、どんなにお金があっても、絶対に威張っちゃいけない。威張りん坊は、もれなく人に嫌われるんだよ。人に嫌われ、龍にも嫌われる。

ただこれに関しては、実はそれほどハードルの高い修行ではなくて。威張らないようにするのは、心がけていればたいていの人はできるの。

それより難しいのは、お金がないときの心持ちなんです。

お金がないと、人はいじけるんだよ。お金のある人を妬《ねた》んだりひがんだりして、ものすごく波動を下げちゃうの。

それって、ますます自分の金運を落とすことになるだけなんです。お金が欲しいのに、自らお金を拒絶しているのと同じだよね。

**みっちゃん先生**　私も昔はお金がなくて苦しかったことがあるので、お金がなくて明るい気持ちになれない人の気持ちもわかるのですが……それでも、自分はこの難しい修行に挑んでいるだけですごいんだって思ってもらいたいです。

**一人さん**　お金がなくても機嫌よくいるのは、ちょっとやそっとでできる修行じゃないからね。自分には、その難しい修行に挑戦できるぐらいの魂力があるんだって思っていい。

**みっちゃん先生**　そう思うだけでも、心は軽くなりますね！

**一人さん**　そしてその大変な修行に比べたら、お金持ちになる努力なんて大した苦労じゃない。

あなたは、お金がなくてもいじけない修行に挑戦できるほどの力がある。つまり、あなたがその気になれば、簡単にお金持ちになれるってことなんだ。

# 第5章

# 機嫌のよさが器を大きく育てるよ

# 機嫌のいい人はどこにいても愛がある

**みっちゃん先生**　以前、〝暑い地域に暮らす人は陽気で明るい。その反対に、極寒の地に住む人は厳しい傾向がある〟みたいな話を聞いたことがあるのですが。
　私はそんなことないだろうにって、こんな決めつけが生まれたことに違和感がありました。

**一人さん**　外国のことはわからないけど、日本での印象を言えば、一人さんもまったくそうは思わないなぁ。

　俺は日本中に知り合いがいて、北海道から沖縄まで、さまざまな地域の人と交流があります。その全員が、いつ会っても笑顔だし機嫌がいい。

　住んでいる場所によって明るいだの厳しいだの、性格にそんな特徴があるなんて感じたことはないよ。

**みっちゃん先生**　無口な性格の人はいますけど、それは単なる個性だし、地理的なものとは関係ないですね。

それに私たちの仲間は、口数が少ないからって機嫌が悪いわけじゃない。余計なことを言わないだけで、表情は穏やかなの。性格も、すごくあったかいんです。

**みんな、それぞれが住んでいる場所のいいところしか見ないし、それと同じように、ほかの人が暮らす場所に対してもネガティブなことなんて言いません。**

どこも素敵なところですねって、そういう感覚でしょう？

**一人さん**　そうだよ。寒いところも、あったかい場所も、それぞれにいいところがある。

雪道を行く女性は雪の妖精みたいで見とれるし、あったかいところで花と女性のきれいな姿がいっぱい見られるのも最高（笑）。

**みっちゃん先生**　機嫌のいい人はどこに住んでいても愛があるし、自分も周りも幸せ。そういう人に最強の笑龍がついてくれるし、運気も右肩上がりに上昇しますね。

**一人さん**　そして一人さんの周りには、そういう人しかいない。本当なんです。

高速道路では、歩いてる人とか自転車に乗っかってる人なんて見ないだろ？　自動車しか走っちゃいけない場所だから、徒歩や自転車の人がいるのはおかしい。

なんだけど、一人さんは過去に1回だけ見たことがあるんです。だいぶ昔、ドライブ旅行で高速道路を走ってたら、自転車に乗っかってるのがいて目を疑ったの（笑）。

どういう経緯でそんな危険行為をしたのかは知らないけど、とにかく〝こんなことってあるのか!?〟というビックリ体験だったんだよ。

それがどうしたんですかって、俺の前に不機嫌な人が出てこないのは、高速道路で自転車を見るのと同じぐらい珍しいことだからだよって話なの。

**みっちゃん先生**　一人さんは、ご機嫌の高速道路みたいなものですね。そこを走ることができるのは、機嫌のいい人だけ。

機嫌の悪い人は一人さんの道路に足を踏み入れることすらできないけど、たとえなにかの拍子に紛れ込むことがあっても、そこを走っている機嫌のいい人に、瞬時に弾き出されちゃう（笑）。

**一人さん**　そういうことだね。東名高速で自転車に乗っかってるのがいたら、全国ニュースのレベルだろ？（笑）

俺にとって、機嫌が悪いやつが目の前に出てくるのは、それぐらいありえないことなんだ。

## 下に見てバカにしていい人なんていない

**一人さん**　いい人間関係には、お互いに相手を尊重することが欠かせません。

このことはみんなもよくわかっていると思うんだけど、なかなかそれができないって悩む人がいるんです。
それはやっぱり、難しいことを考えすぎなの。
自分が機嫌よく笑っていれば、目の前の人を敬おうとかいちいち思わなくても、勝手にそういう気持ちになるものなんだ。

**みっちゃん先生**　機嫌がよければ、相手のいいところが次々に見える。いいところがいっぱい見えたら、自然と〝この人のこういうところ、素敵だなぁ〟〝私も真似したいなぁ〟っていうあこがれや、敬いの気持ちが出てきますね。

**一人さん**　一人さん的には、周りにいる人とお互いに敬意を払い合えるのは当たり前なんです。実際に、それができない人は俺の近くにはいません。

**みっちゃん先生**　一人さんみたいに納税日本一の人とか、大企業の創業者や社長とかって、ふつうの人からすると雲の上の存在です。
庶民とは気楽につき合ってもらえないんじゃないか。ましてや、敬意なんて払ってもらえるはずがないって、みんなはそんなふうに思うかもしれません。

ところが一人さんの場合、そういうのをいい意味で裏切ってくれますよね。

誰とでも気楽につき合うし、いつでも目の前の人と対等。それがすごく伝わってくるような関わり方なんです。

**一人さん**　そもそも一人さんは、自分のことを特別だとか思ってないから。

**みっちゃん先生**　前に、一人さん言ってましたね。人というのは、機嫌よくしていれば勝手に〝器〟が育つものだよって。

**一人さん**　機嫌が悪いと心はいつもモヤモヤしていて、すごく視界が悪いの。

それは濃霧のなかを歩くようなもので、一寸先になにがあるかわからないから、生きることが不安でしょうがない。恐怖心とともに生きているのに、人にやさしくできるわけがないよね。

それに対して、**機嫌のいい人は余裕があって軽やか。心もスカッと晴れ渡っている**

**から、すっごく視界がいいんだ。**

つまり、ものごとの真実や大事なことがハッキリ見える。人の気持ちだって手に取るようによくわかって、どんな相手でもゆるすことができます。

もちろん、自分のこともゆるせるし可愛がれる。

こういう懐《ふところ》の深い、愛でいっぱいの人を〝器が大きい〟と言い表すわけだから、けっきょく、自分の器は機嫌がつくるってことなんだよ。

**みっちゃん先生**　それで言えば、一人さんは最高の器の持ち主。誰とでも敬い合えるのは、一人さんにとっては当たり前なんですね。

**一人さん**　人間の価値に、上も下もないよな。人は誰もが神の子であり、それぞれのなかに神聖なる龍がいる。

俺にはそんな宇宙の真実しか見えないから、どんな人とも敬い合うのが自然なの。

相手に敬意を払うなんて、朝起きたら〝おはようございます〟って挨拶するのと同じぐらい、人として基本の〝キ〟です。

下に見てバカにしていい相手など、この世にいるわけがない。

一人さんは社長の立場だし、お弟子さんもいっぱいいる。だから世間的には立派なように見えるかもしれないけど、俺の本質って〝ふとどき不埒《ふらち》〟だからね（笑）。立派なことなんて微塵《みじん》も考えていません。

その観点では、一人さんより真面目で立派な人は、世の中にごまんといるだろうね。

ただし、誠実でありながら最高に楽しいという合わせ技で言えば、俺は相当な達人だと思っています。

## この性格とこの顔だから幸せになった

**一人さん**　一人さんは、自分のことが大好きなんです。大好きなんてどころじゃないぐらい、自分を可愛がっているの。自分のすべてを受け入れるし、自分に嫌いなところは1つもありません。

そしてそれと同じように、ほかの人のことも大事に思っています。誰よりも自分を幸せにしているから、周りにも惜しみなく愛を出せるんだよね。自分をないがしろにしながら、人を楽しませることは絶対にできません。自分のことすら泣かしてるのに、人を笑わせられるわけがないでしょ？

で、一人さんはそんな自分に、しみじみこう思っています。俺という人間は、顔も心も本当に最高だなぁって。

なかでも、この性格は一人さんにとって宝なの。外見と性格のどちらかを選ばなきゃいけないんだとしたら、迷うことなくこの性格だと言いたい。

**みっちゃん先生**　私も、一人さんと同じだなぁ。昔は自分の性格を、気が小さくて臆《おく》病《びょう》だとか、悪い方に考えては落ち込むこともありましたが、一人さんに出会って機嫌よく生きられるようになってからは、どんな自分でも大好き♡

**前はあんなに否定していた自分の性格も、慎重でやさしいんだと思えます。そしてこの性格だからこそ、一人さんや仲間たちと一緒にいられるんだなって。**

もし私が違う性格だったら、仲間たちと気が合わなかったかもしれないでしょう？

そしたら、いまの楽しい時間もありません。

だからって、外見がどうでもいいわけじゃないんですよね。この顔や体だって、神様がつくってくださったオンリーワンの私。

この世にたった一人の、私という人間の容姿も大好きです。


**一人さん**　見た目のことだけを言えば、ファッションや髪型なんかでいくらでも自分の好きなスタイルに近づけられる。特に女性は、化粧をすればずいぶんイメージも変わるし、自分がご機嫌になれるんだったら美容整形だって俺は肯定派だよ。

それに、外見というのは性格がにじみ出るものだからね。

やさしい人は、やさしい顔立ちになる。明るい性格の人は、やっぱり見た目からして明るくて楽しい雰囲気になる。

愛のオーラが出ていれば、実際の顔立ち以上に魅力的に見えるんだよな。

**みっちゃん先生**　ほんと、そうですね。仮におっかなそうな顔立ちだったり、ガタイがよかったりしても、いつも笑顔で愛のある人は少しも怖くありません。大好きになっちゃいますよね。

**一人さん**　だから俺は、来世もその先も、この性格でまた生まれ変わりたいんだ。もし、神様に1つだけ願いを聞いてもらえるとしたら、それをお願いするよ。

で、もうちょっと欲を言っても大丈夫そうだったら（笑）、この容姿を器として生まれたい。それができたら最高だね。

**みっちゃん先生**　私も、生まれ変わるたびにこの性格で地球に来て、何度でも一人さんや仲間たちに出会いたいし、ずっとみんなと生きていきたいです！

## 笑わないアイドル、売れなかったね〜（笑）

**みっちゃん先生**　たまに、クールに淡々と生きることをかっこいいと思っているのか、あまり笑顔を見せない人がいますね。

**一人さん**　周りに好かれ、女性（男性）にもモテているのなら、別にそれでもかまわないよね。そのままクールでいたらいい。

だけど笑わないのにモテちゃうのなら、ちょっと笑顔になるだけで、それこそ人気爆発だと思うけどな。

**笑えば、いまの何倍も好かれる。と思うと、やっぱり笑わないことは損だよ。**

**みっちゃん先生**　笑顔の嫌いな人っていないですもんね。

**一人さん**　広い世界のどこかには、〝私は笑顔が嫌いです〟って人がいるのかもしれない。ただ、少なくとも一人さんがいままで生きてきたなかでは、そういう人は見たことがありません。

人は、笑ってる方がトクをする。それがこの世の法則であることは間違いないの。

これはちょっと余談だけど。昔ね、ある芸能プロダクションが、きれいな女の子を集めて売り出したの。

ところがそこの社長、なぜか女の子たちに〝絶対に笑っちゃいけない〟っていうルールを課したんだって。なんの意図でそんな方針にしたのか俺にはわからないけど、さっきみっちゃんが言ってたみたいに、クールなアイドルにしたかったのかなぁ。

**みっちゃん先生**　その女の子たち、どうなったんですか？

**一人さん**　売れなかったね～（笑）。

**みっちゃん先生**　やっぱり（笑）。そりゃそうですよね～。可愛い女の子に、笑わせない方が無理があります。女の子たちも、すごい違和感だったでしょうね（笑）。

**一人さん**　クールがいいのはさ、ふだん笑顔で明るい人が、たまにクールな一面を見せるからグッとくるんだよ。クールだからときめくわけじゃなくて、ふだんとのギャップにやられちゃうの。

ふだんからまったく笑わない人が、人の心をわしづかみにすることはない。むしろそういう人がそばにいると、みんな困惑しちゃうよな。

**みっちゃん先生**　一緒にいる相手が笑ってくれないと、〝私の話がつまらないのかな？〟〝なにか悪いことしちゃったかな？〟って不安になりますね。

**一人さん**　笑顔がないって、それぐらい人を悩ませるんだよね。笑わない人は、そこにいるだけでみんなに迷惑なの。ましてや、そんな人がモテるわけないよ。

**みっちゃん先生**　もちろん、もともとクールな性格の人もいるでしょうから、そういう人は無理に自分の性格を変える必要はなくて。

クールなままで大丈夫だけど、人に話しかけられたときは最高に素敵な笑顔をチラッと見せたり、あったかくてやさしい話し方をしたりすれば、それもまた魅力的な人になりますね♪

# 腸内環境を整えると機嫌もよくなるよ

**みっちゃん先生**　最近、世の中が急激に変わっていることもあり、その不安やストレスで不眠に悩む人が増えているんですって。

睡眠不足は体調不良に直結し、それだけで不機嫌になりやすいと思います。

機嫌よくいるためには、毎日しっかり眠り、睡眠の質を下げないこともポイントになりますね。

**一人さん**　眠りが足りないと、それだけで心身の健康は損なわれちゃうからね。
なのに、不眠は病気じゃないとか軽視されやすいところがある。よく〝不眠症のつらさはふつうの人にはわからない〟と言われるように、周囲になかなか不眠のつらさを理解してもらえなかったりします。

だけど、**不眠による影響って想像もつかないぐらいのダメージがある。だから睡眠の質が悪くて悩んでいる人は、放っておかないできちんと対処した方がいいよね。**

一人さんの話をすると、俺はいつも眠りが充実しているし、不眠に悩んだこともありません。その経験から言っても、睡眠には精神的な安定が欠かせないことはまず間違いない。

そしてさらに、そこには栄養の問題も考えられると思います。

栄養が足りていないのに、それを心の問題だと思い込んじゃう人がいるんだけど、そうじゃないこともけっこうあるんだよ。

心と体は表裏一体と言われるように、心も体の一部。栄養のバランスが悪くて体に不調が起きると、それは心にも影響するだろうね。

**みっちゃん先生**　昔、私はうつ病になったことがあって、それは私生活でいろいろあったせいだと思ったんです。もちろん、それも一因ではあるでしょう。

でも、一人さんが言ったの。〝みっちゃん、肉食いな〟って。お肉はパワーの源《みなもと》だから、心の病気なんて吹き飛んじゃうよって。

人の体をつくるいちばんの栄養素は、たんぱく質です。そのたんぱく質が豊富なお肉を食べて、元気にならない人はいないからって教えてくれましたね。

それで毎日のようにお肉を食べ出したところ、みるみるうちに元気が出てきて。一人さんの言うように、本当に明るい気持ちになったんです。

**一人さん**　栄養が足りないと体の機能が鈍るし、ホルモンバランスなんかも崩れる。そうすると、睡眠だって不安定になるんだよね。

睡眠不足になれば、当たり前だけど疲労がたまる。疲れているのに機嫌よくしろって言われても、それは無理だよな。

その反対に、睡眠が整えば生活も整うし、心も軽くなる。ふつうにしてるだけで、機嫌よくいられる時間が長くなってくるよ。

**みっちゃん先生**　睡眠を充実させるには、どんなふうに栄養管理をすればいいですか？

**一人さん**　俺は医者ではないから、あまり具体的には答えられないけど、体の調子が悪いときっていうのは、まず腸内環境を整えるといいんです。これは、多くの医師が言ってることなの。

腸内にはたくさんの菌がいて、そのなかでも善玉菌（体にいい菌）を増やし、悪玉菌（体に悪影響を及ぼす菌）を減らすといいんです。その作用がある食品は、インターネットで検索したり、かかりつけの病院で聞いたりすれば簡単にわかることだから、それぞれで調べてみてください。

ここ数年、〝腸活〟という言葉をよく耳にするようになったと思うけど、腸というのは、体の健康にもっとも大きな影響を及ぼす内臓です。

**腸を制すれば、健康を制する。**

そんなふうにも言われるぐらいだから、根本的に体の調子を整えたかったら、腸内環境を整えるといいと思いますよ。

# 一人さん流で「ご機嫌ホルモン」もバッチリ！

**みっちゃん先生**　先ほどホルモンのお話が出ましたけど、体内で分泌されるホルモンによっても、私たちのご機嫌って左右されやすいですよね。
ちょっと調べてみると、たとえば愛情ホルモンと呼ばれる〝オキシトシン〟とか、幸せホルモンの異名を持つ〝セロトニン〟なんかがしっかり分泌されると、機嫌のよさに一役買ってくれるんですって。

**一人さん**　それらのホルモンは心に安らぎを生み、明るい気持ちにしてくれたり、ストレスを軽減してくれたりする。まさに、ご機嫌のもとになる〝ご機嫌ホルモン〟と言ってもいいだろうね。
じゃあ、ご機嫌ホルモンが分泌されやすいのはどんな状態かと言うと、楽しいことをしているときや、心地よい状態にあるときなんです。

子どもや夫婦（恋人）、あるいはペットとのスキンシップや、愛のある言葉がけなんかで分泌されやすくなるそうだよ。


**みっちゃん先生**　それって、どれも一人さんが教えてくれたものばかりですね！

自分に我慢させないで、好きなことをする。

天国言葉を使って愛を出す。

知らない間に、私もご機嫌になれる習慣が身についていたんだなぁ〜。一人さん流って、つくづくオールマイティですね。


**一人さん**　俺はいろんな話をするけど、目指すところはいつも同じなの。違うことを話しているようで、幸せになるという目的地が変わったことはない。

ホルモンの話にしても、難しいことなんて本当はどうでもいいんだよな。

だけど、いつも一人さんがお伝えしていることが、実はご機嫌ホルモンの分泌にもつながるっていうのは、いわば当たり前の話で。

だって、ご機嫌ホルモンが出ると幸せになるわけでしょ？　それは、いつも俺がみんなに言ってる目的地と合致するからね。

**みっちゃん先生**　ナルホド～。一人さんの教えは本当に奥が深い！

**一人さん**　あとは、適度な運動とか、さっきお伝えした腸活なんかでもご機嫌ホルモンの分泌につながると言われているので、みんなも栄養バランスを整えて、健康管理に気を配るといいですよ。

## 帝国ホテルではみんなお上品になっちゃうんだ

**一人さん**　波動って面白くてさ。帝国ホテルみたいな超一流ホテルへ行くと、家にいるのとは別人みたくマナーがよくなっちゃう人がいっぱいいるの。

ふだんはガミガミうるさい奥さんが可憐《かれん》な少女のようになったり、気の利かない旦那が、やたら気配りできるようになったり（笑）。

これが、波動の影響なんだよね。

いい波動が流れている場所に身を置くだけで、その波動に影響を受けて、しゃべる口調も内容も、それから行動なんかもぜんぶ変わるの。

**みっちゃん先生**　すっごくわかりやすいです。確かに、一流ホテルでは美しい所作を心がけようとか、品よくしなきゃって思います。というか、思うより先にそうなっちゃう。

こういう例を通じて波動を捉えると、本当に波動の力ってすごいなぁと感じます。

自分の機嫌がいいだけで周りの人まで笑顔になるのが信じられない人もいるでしょうけど、そういう人は一流ホテルに行ってみるといいですね。まず、ホテルに行こうと決めて身支度をするところから違うと思うから。

**一人さん**　そうだね。いつもはヨレヨレのＴシャツを着ている人でも、一流ホテルに行くとなると一張羅《いっちょうら》を取り出してくるだろうからね。化粧もキメてさ（笑）。

**みっちゃん先生**　ホテルに入ってからも、背筋がシャキッと伸びる感覚があったりして、波動の高さを感じると思います。

そういうので実験すると、波動に対する実感がわいてくるのではないでしょうか。波動が変わることで、周りの人の態度も変わる。すごく納得です。

だから、一人さんぐらいご機嫌の達人になっちゃうと、その波動でヘンな人は絶対に寄ってこないのもわかるの。もし寄ってきても、なぜか一人さんの前では急に機嫌がよくなって、その豹変《ひょうへん》ぶりに周りがみんな驚きます（笑）。

それはいわば、一人さんって超一流のホテルみたいな存在だからでしょう。

**一人さん　機嫌のいい人には、機嫌のいい人だけが寄ってくる。だから、大して努力もしないのに大成功しちゃうんだよな。**

だってさ、周りがみんな機嫌がいいということは、山ほどの笑龍が力を貸してくれるってことだろ？　それで成功しない方がおかしいんです。

**みっちゃん先生**　それぞれの笑龍が、お互いに協力し合って高めてくれる。だから、機嫌のいい集団のなかにいると、そこにいる人みんなに奇跡が起きるし、とんでもない成功を手にするわけです。最高に幸せになる。

**一人さん**　その反対に、自分のここがダメとか、あれが足りないとか、そんなことばかり言う人は、アラ探しの名人なんです。

で、名人技だから、その技を披露したくてウズウズする（笑）。だから、ほかの人にも自分にするのと同じようにやっちゃうんだよ。アラ探しの技が勝手に飛び出す。

**いいかい、変な名人になっちゃダメだよ。**

**あなただけは、波動を上げていいところ探しの達人になりな。**

## 自分の性格を活かした幸せの道がある

**みっちゃん先生**　私は両親を亡くしていますので、生前、ちゃんと親孝行できたかなぁって思うことがあります。悔いがあるわけじゃなく、亡くなった人に対しては、あれをしてあげたかった、これもできたんじゃないかっていう思いがどうしても出てきて。

だから聞きたいのですが、一人さんは、いちばんの親孝行ってどんなことだと思いますか?

**一人さん**　それはもちろん、機嫌よくいることだね。親にとっていちばんうれしいのは、子どもの幸せです。子どもが笑顔でいると、それだけで親も幸せなの。

で、幸せってなにかと言うと、機嫌がいいことなんです。だから、機嫌よくしていることが最高の親孝行になるんだよ。

そしてそれは、親が他界している人も同じです。

いま自分が機嫌よく生きていれば、亡くなった人は天国でそれを見て安心するの。

**みっちゃん先生**　その反対に、子どもにとっての幸せも親の笑顔ですね。
どんなにお金持ちの家に生まれても、最高の家柄だとしても、親の顔に笑顔がないと子どもはハッピーじゃないから。

**一人さん**　そうだね。親が子どもを心配するのは当たり前だって言うかもしれないけど、だからってあんまり心配していると、それが波動になって出ちゃうんだよ。

そうすると心配通りの現実が出てきて、また心配を重ねることになります。

だから、心配するよりも大丈夫だって信じることが大事なんです。子どもが心配な親御さんほど、安心の波動を出さなきゃいけない。

**みっちゃん先生**　私はもともと引っ込み思案だし、人前で緊張しやすい性格だから、子どもの頃はなかなかお友だちができず、寂しい思いをしたこともありました。

きっといま、かつての私みたいなお子さんを心配するお父さん、お母さんもいると思いますが、だからこそ安心の波動を出してあげてほしいです。

親が子どもの前で笑っているかいないかが、子どもの幸不幸を左右するものだから。


**一人さん**　親が笑ってさえいれば、子どもは安心するんだよ。そして、子どもは親の真似をするものだから、親と同じように笑うようになる。

笑っている子はね、引っ込み思案だろうがどうだろうが、みんな〝明るくて人懐っこい子だね〟ってなるし、笑顔の波動があれば周りに好かれます。

だいたい、そういう子は笑龍がついてくれるから、どんな性格でも、むしろそれが活かされて魅力になるよ。

**みっちゃん先生**　性格って、自分の大切な個性です。その個性を活かすことで幸せになるよ、成功するよっていうのが一人さんの愛ですからね。

**一人さん**　個性は、幸せのタネみたいなものなんだよ。そしてそのタネを育て、大きな花を咲かせるのが笑顔であり、機嫌のよさなんだ。

誰にでも、自分にしかない幸せの道があります。

みんなも機嫌よく生きて、ほかの誰でもない、あなただけに用意された幸せの道を行くんだよ。

# 第6章

# 激動の時代を笑龍とともに生きる

## 誰も腹を立てなきゃケンカは起きないよ

**一人さん**　ケンカってさ、機嫌の悪い人がいるから起きるんです。誰かが腹を立てたから争いごとがはじまるのであって、笑いながらケンカする人は見たことがないよね。

戦争だって同じなの。不愉快な感情を持ってる人（国）が出てきて、なんやかんやと揉めるうちに、戦争という大ゲンカに発展する。

誰ひとり機嫌が悪くなければ、最初からケンカなんて起きようがないんです。

機嫌がよければ、お互いのいいところを褒め合える関係になる。それでケンカになる方がおかしいでしょ？

**みっちゃん先生**　そうですね。機嫌のいい人が増えると、自然の流れでいさかいがなくなります。円満な家庭、楽しい社会、平等な国家……そうやって、真の世界平和につながっていく。

**一人さん**　ただ、いきなり地球上の全員に機嫌よくなれと言ったって、それは無理なの。

人にはそれぞれ学ぶ時期というのがあって、機嫌よく生きることが俺たち人間の使命であると気づくことも、１人ひとりタイミングが違うんだよね。いますぐできるようになれとか、そうやって人に強制するもんじゃない。

でもね、**いまはまだ学べない人も、いずれ気づくときがくる。**それが今世なのか、生まれ変わった来世なのか、あるいはもうちょっと先になるのかはわかりません。

だけど必ずみんな学べるから、すでに学んだ人も愛を持って見守ること。それもまた、この世での大切な学びです。

**みっちゃん先生**　いつも一人さんが教えてくれます。**世の中は急には変われない、ゆっくりゆっくり変わるものだよって。**

世界でなにか問題が起きるたび、魂の時代になったのに、なぜ争いごとがなくならないんだろうって気を揉む人もいるでしょう。

でも、魂の時代になって、確実にこの世界には機嫌のいい人が増えていますね。

昔ほど大きな争いごとが起きないのは、それだけ全体的に魂の成熟度が上がっているからで。

揉めごとって、〝売り言葉に買い言葉〟みたいな報復合戦でどんどん激しくなります。実際、過去の大きな戦争でも、背景にはすさまじい報復合戦がありました。

**一人さん**　それがいまは、なるべく報復しないでいようっていうムードが世界的に広がっているよね。口でけん制するにとどめて、実際に暴力的なことはしないとかさ。

片方だけでも機嫌がよければ、大ごとにならずにすむんだよ。

機嫌の悪い人にケンカを売られても相手にせず、うまく攻撃をかわしたり、相手の戦意を低下させたりすればさ。

そのうちに相手も学んで、だんだん機嫌がよくなってくる。

ちょっとずつ進化していくからね。心配ないんだ。

## 1つしかないものを奪い合うから揉める

**一人さん**　機嫌の悪い人がいることで揉めごとが起きるわけだけど、一人さん的な視点で語ると、世の中に機嫌の悪い人が多いのには決定的な理由がある。

**みっちゃん先生**　なんだろう……。あっ、わかった！　彼女の話でしょう？

**一人さん**　ピンポン。これは倫理的にどうかという視点は考慮してないし、あくまでも一人さんの楽しい考え方の1つに過ぎないので、厳しいツッコミは入れないでもらいたいんだけど（笑）。

世の中の人は、どうも真面目すぎるんです。彼女（彼氏）は1人しかつくっちゃいけませんとかって。

あのね、1人しかいないからそこに集中しちゃうんだよ。大勢とつき合えば、そのうちの1人や2人からフラれたって気になりません。

別れを切り出されても、〝別れても君の幸せを願っているよ〟〝俺はいつでも待ってるから、気が向いたら戻ってきな〟とかって笑顔で見送ることができるよな。

**みっちゃん先生**　恋人が1人しかいなければ、これを逃してなるものかって必死になっちゃいますよね（笑）。

その点、いっぱい恋人がいればいちいちショックは受けません。落ち込むこともないから、自分の機嫌だって損なわれない。

去る者を追わずとも、ほかの恋人と楽しくつき合えばいいわけで、いつだって最高の波動でいられますね。

**一人さん**　そうだよ。しかもこれが不思議な話でさ。俺から離れても幸せになりなって笑顔で別れた相手は、たいがい戻ってくる（笑）。

**みっちゃん先生**　離れてみて、改めて別れた相手のよさがわかるんですね。別れを伝えても、揉めることなくスッと手を放してくれる。しかも笑顔で、〝いつでも待ってるよ〜〟なんて言ってくれる人、ほかには絶対いないでしょうから。

**一人さん**　同じところにずっといると、飽きてくる気持ちもわかるの。そういうときは、ちょっと別の人のところへ行かせてあげたらいいんです。

**みっちゃん先生**　ほとんどの場合はまた戻ってくるから、そのときはまた笑顔で、〝おかえり〟って言えばいいですね（笑）。

**一人さん**　そういうこと。そういえば、子どものときに聞いて妙に納得した話があって。

昔はさ、長屋が取り壊しになるっていう話が出ると、だいたい揉めたの。

ここを追い出されたら行くところがないとかって住民が猛反対するものだから、大騒ぎになってね。時代劇みたく、切った張ったの展開になることもあった。

それを見たある人が、こう言ったの。

ああやって揉めるのは、住むところが1か所しかないからだ。家の3軒でも持ってりゃ、1軒ぐらい取り壊しになっても〝まぁいいか〟って受け流せるから、大騒ぎになることはない。それに強制退去となれば、地主から転居費用やなんかも出るし、むしろ儲かるじゃないかって(笑)。

**みっちゃん先生**　1つしかない大切なものを奪われるわけだから、取り上げられる方も必死になる。だから追い詰められちゃうんですね。

**一人さん**　俺はね、人の道理を外れろと言いたいわけじゃないし、二股とか三股で恋人を泣かせてもいいとか、そんな話はしていないの。不倫を推奨するつもりも、まったくありません。

自分のパートナーが賛同してくれるのならいっぱい彼女(彼氏)をつくればいいし、そうじゃないんだとしたら、別のことで自分を楽しませたらいいんだよな。

一人さんがみんなに伝えたいのは、楽しく生きて心のゆとりを持ち、機嫌よくいること。それだけです。

この話で、大切なことがみんなに伝わるといいなと思っています。

## 文句で思い通りになるわけじゃないからね

**みっちゃん先生**　最近、電気代やガス代といった光熱費が急激に上がり、みんな大変だと思います。

ただ、私はそれ以前の感覚として、電気やガスを自由に使えること自体が幸せなんですよね。電気やガスがあるだけで幸せだ〜って、感謝しかありません。

水にしても、日本は龍の国だけあってきれいな水が豊富。ここまで水資源が豊かな国も珍しいでしょう。

水道水だって、安心して飲める。よその国では、日本みたいに家の水道水が飲めるところはそうそうありません。

もちろん、誰にとっても光熱費の値上げはお財布にダメージです。だけどそれは、世界情勢を見ていると仕方がないことだから。

**一人さん**　そうだよね。景気が悪いとか、こういう〝インフレなのに給料は上がらない〟状態のときって、どうしても世の中から恨《うら》み言《ごと》みたいなのが出てきやすいんだけど、文句を言ったからってどうしようもないんだよ。文句を言えば値下げされるんですかって話でさ（笑）。

そりゃあ、値上げは厳しいよ。だけど、そういうときほど機嫌よくいられる人が、これからグンと伸びていくんだよね。

**いまは、いつも以上に感謝の方へ意識を向けなきゃいけないときなの。**

**みっちゃん先生**　困ったからって愚痴を言って機嫌悪くしていると、運勢まで悪くなっちゃうから……。

**一人さん**　光熱費が上がったうえに運勢まで落としてると、ヘタすると給料まで下がったり、予定外の支出があってますます家計が苦しくなったりするだけだからね。愚痴や文句は、絶対にやめた方がいいんです。

とにかくすべての問題は、機嫌よくすることがいちばんの解決策なの。

この世界を動かしているのは、いつだって波動だからね。出てきた現象にいちいち振りまわされちゃうと、状況はつらくなるいっぽうだよ。

**みっちゃん先生**　光熱費が上がったぶん節約するにしても、不平不満ベースで節約したのでは、うまくいかないんじゃないかしら。

**同じように節約しても、愚痴を言いながらやるのと、感謝しながら機嫌よくやるのとでは、結果は大違いだと思うんです。**

**楽しく節約する人には、きっと笑龍が豊かさを運んできてくれますね。**

**一人さん**　その通りだよ。あとさ、そもそも俺たちの場合、景気とか世界情勢なんかに関係なく機嫌がいいから、基本的に暗いニュースって耳に入ってこないの。

世の中に嫌な話題があふれ返っていても、右から左に通り抜けていくだけ。

そのことで機嫌が悪くなることはないから、世の中の嫌なムードとか、悪い動きやなんかに引っ張られないんだ。

**みっちゃん先生**　暗いニュースばかり飛び込んできて頭から離れないという人は、自分の波動がちょっと不安定なのかもしれませんね。

そういうときは、愚痴を言っていないかな、人の悪口を言っていないかな、不機嫌になっていないかなって考えてみるといいですよ。

## 利権や特権がなくならない理由とは

**一人さん**　庶民が物価高で苦しむなか、利権や特権を手放さず、甘い汁を吸ってる人たちって確かにいるんだよね。そしてそういう状況に多くの国民が怒るんだけど、これも文句ばかり言っててもしょうがないんです。

けっきょく、〝自分だけは汚いことをしないぞ〟っていう気持ちを持つしかないの。人の言動で自分が機嫌を悪くしても、いいことは1つもないからね。

それに、悪いやつを成敗するのは俺たちの役目じゃない。警察とか検察とか、それ専門の人がちゃんといるわけだから、プロに任せておけばいいんです。

**俺たちにできるのは、悪いニュースを見て暗《あん》たんとしたり、妬んだり腹を立てたりしないことだよ。**

それをわかってない人がまだ多いから、世の中に嫌な波動が漂って、利権や特権がなくならないんだろうね。

**みっちゃん先生**　宇宙の法則で言えば、〝まったくもう！〟なんて怒っていると、またそう思う出来事がやってきますから。

**一人さん**　もちろん一人さんは不正を肯定するわけじゃないし、悪いやつを見逃していいと言いたいわけでもない。不正は、ちゃんと取り締まらなきゃいけないよ。

ただ、とんでもない不正が横行している国に比べたら、日本は相当マシだよねって。

この程度で抑えられているだけでも、日本はまともな国なんです。ちゃんと司法の目が作用しているってことだからね。

**みっちゃん先生**　どんな悪い状況のなかにも、必ず明るい面がある。一人さんは、いつでもその明るい部分を見ていますね。

**一人さん**　すぐに愚痴や文句が出てきちゃう人って、暗いところばかり見るんだよな。

で、実はいちいち文句を言う人に限って、自分が逆の立場になると特権を手放そうとしないものだよ（笑）。

暗い貧乏波動、不機嫌な波動のまま権力を手にするから不正に走るのであって、明るい波動の人なら、どれほどの権力を握ろうが悪いことはしないはずなんだ。

## 日本が亡《ほろ》びる？　絶対そんなことありません

**みっちゃん先生**　最近は増税に関する話題も多く、一人さんはどんなふうにそれを見ているのか知りたいという質問がたくさん寄せられているので、ここでお伺いしてもいいですか？

**一人さん**　もちろんいいよ。まず、増税されようがどうしようが、これからも日本はどんどん発展します。だんだんよくなることは確実に決まっていることなの。

なかには、増税のせいで国民が疲弊してダメになるとか、この国は亡びるとかって言う人もいるけど、そんなわけありません。

この先、日本ではいま以上に豊かな暮らしができるようになるし、国としても世界をけん引する力を持つ。

だから不安に思わないで、機嫌よくいることだよ。

それとね、世間というのはだいたいこんなものなんです。そんなに理想通りにはいきません。

**みんな即座に変わることを望むけど、世の中が急変しちゃうと、順応できない人が大勢出てきてそっちの方が大変なの。もっと大きな目で見なきゃダメなんです。**

繰り返しになるけど、理想通りになろうがなるまいが、自分だけは機嫌よくいること。それしかないよ。

**みっちゃん先生**　不機嫌な貧乏波動って、本当に怖いですからね。だけど、波動を過剰に恐れる必要はなくて。

どんなときでも機嫌よくいるぞって決めたらいいだけの話だから。

**一人さん**　税金が高くて困ったなぁって思うんだったら、そのぶん、なにかで調達することを楽しく考えたらいいんだよ。機嫌よくいれば、間違いなくいい知恵が出てくるの。

たとえば最近だと、フリマサイトで家にあるものが売れるじゃない。使わないものを出品すると、それを欲しい人が買ってくれる。リサイクルショップやなんかに持って行っても1円にもならないものが、フリマサイトではいい値段で売れるってことも珍しくないそうだよ。

不用品って、いまは捨てるのにもお金がかかるでしょ？　それを思うと、タダで引き取ってもらえるだけでもトクなのに、お金までもらえるんだから最高だよね。

**みっちゃん先生**　そうなんです。私の周りにもフリマサイトを利用している人がいますけど、〝こんなものを欲しい人がいるの⁉〟って驚くようなものが、想像以上の価格で売れたことが何度もあるって。

家のなかにある不用品は、案外、宝の山なんですよね。

機嫌よくいれば、そんな宝の数々が、アッと驚くような臨時収入に変わるかもしれませんよ♪

## 豊かになって人口が減るのは自然な現象

**みっちゃん先生**　いま、世の中で大きな変化が立て続けに起きていますが、たとえば、いろんな場面での機械化や自動化もその1つだと思います。

人間の労力なしにモノをつくったり、サービスを提供したりすることがどんどん可能になっていますよね。

そしてその影響で、今後ますます人の仕事が減るとか、失業者が激増するとか、未来を暗く言う人もいて。

一人さん流の考えでは絶対にそんな未来はないと思うけど、みんなが安心できるお話を、改めてお願いします。

**一人さん**　確かに、これから人の仕事はもっと減る。それについては、一人さんもまったく否定しません。

ただし、人の仕事が減っても世の中に悪影響はないんだよ。

なぜですかって？　仕事量は減るけど、人間の数そのものも減るから、バランスとしてはちょうどいいんです。失業率なんかも、高くなりません。

それどころか、これからますますいい世の中が訪れるの。

コンピューター化が進めば、無駄な仕事が減って働く人は楽になるでしょ？

それに、お客さんの方も手軽でありがたいんです。いままでは煩雑《はんざつ》な手続きが必要だった場面でも、スマホ１台でパパッとできたりしてさ。

**みっちゃん先生**　日本では出生数が減り続けているから、人口も少なくなります。それを考えると、人手の必要な仕事がたくさんある方がかえって困るわけですね。

人の代わりに機械が働いてくれるからこそ、人口が減っても商品やサービスの質が低下することはないんだ〜。

**一人さん**　そうだよ。神様は、未来が暗くなるようなことは絶対にしないの。

**悪いことにしか見えないようでも、実はそのことをきっかけに、明るい未来が切り拓かれるようになっている。**

世界は豊かになり続けるし、生成発展し続けます。それは疑いようのない事実だよ。

**みっちゃん先生**　龍の国である日本の未来が、暗いわけがないですね！　そしてそんな日本がリードして、世界もだんだんよくなっていく。

**一人さん**　少子化なんていうのは、どうしても直らないの。国が豊かになってくると、子どもの数は少なくなるものなんだよ。人口が減るのは自然な流れ。

いま人口が増え続けている国もあるけど、そういう国は、これから劇的に発展していくんだよね。だけど、いずれそういう国も人口の増え方は緩《ゆる》やかになっていくし、国民全体がそれぞれの幸せを自由に選択できるぐらいまで豊かになれば、いまの日本みたく少子化の方向へ進む。

世の中の流れって、そういうふうにできているからね。

**みっちゃん先生**　そのときに、人が困らないためにどうなるのがいいんですかって言うと、機械に仕事をしてもらうのがいいわけですね。

**一人さん**　だから、便利な世の中になることを怖がることはない。コンピューターの力を借りられるのは、いいことなんだよ。

それを、機械化のせいで人の仕事がなくなるとかって悪い方へ持っていくから、不安になるし、機嫌だって悪くなる。

問題があるとしたら、そういう機嫌を損ねる考え方をすることなんだ。

## 社長が笑えば社員も笑う。社員にも笑龍がつくよ

**みっちゃん先生**　現実というのは、自分が意識しているものが起こってきます。どんな考え方でも、すべての人に等しくそのルールが働いている。

だから、一人さんみたいに楽しい考え方で龍を笑わせっぱなしの人には、驚くような幸運とか、ワクワクすることばかり起きます。

その反対に、怖い話や悪いことに目を向けて地獄言葉ばかり口にする人には、また地獄言葉を言いたくなるような現実が訪れますね。

**一人さん**　あらゆる話を暗く考え、それに引っ張られて機嫌を悪くし、龍を悲しませるから人生がうまくいかないんだよね。

成功する人とそうでない人の違いはそこなの。考え方が真逆なんです。

成功者っていうのは、いつどんなときだろうが、

**世の中はだんだんよくなる。**

**未来は明るい。**

そう信じています。

そして、こういう明るい考え方が沁みついている人は、本当に明るい未来をつくることができるの。成功したかったら、いかにその1人になるかが肝《きも》なんです。

機嫌よくしていれば、それが簡単にできるんだ。

**みっちゃん先生**　機嫌がいいのに、未来を暗いと思うことはできません。だから勝手に明るい考え方になるし、明るく考えたら、ますます機嫌もよくなる。

仕事にしても、たとえば会社を経営しているとか、部下にいい仕事をしてもらいたいとか思うんだったら、まず自分が機嫌よく笑ってることですね。

**一人さん**　その通りだよ。毎日、社員（部下）の前で機嫌よくいればそれでいい。

会社にとって、社長の機嫌がいいのがいちばんなの。会社の代表である社長の機嫌がよければ、会社なんてなにをしたってうまくいくようになっています。

なにをしたってって言うと語弊があるかもしれないけど、機嫌のいい社長って、〝この事業はうまくいくから大きく展開しよう〟〝こっちは尻すぼみになりそうだから撤退しよう〟みたいな感覚が鋭くなるの。

ようは、経営における間違いがなくなる。だから会社はうまくいくんだよ。

それから、社員にとっても社長の機嫌がいいのがいちばん大事です。なぜかと言うと、社員は社長の鏡だから。

**みっちゃん先生**　社長がいつでも機嫌よくしていると、その明るい波動が社員にも伝わって、社員も楽しく働こうという考えになりますね。

**一人さん**　仕事というのは、楽しくしなきゃうまくいかない。で、仕事が楽しめるかどうかは、社員自身の問題なんだよ。人の気持ちばかりは、社長にはどうにもできません。

ただ、いつも社長の機嫌がよければ、社員は余計なことに頭を悩ませる必要もない。

社員というのは、どうしたって社長の顔色を見るものだろ？　見るなと言われても、つい見ちゃうのが社員です。

そのときに、社長がいつも怖い表情だったり、イライラしてたりすると、社員は嫌な気分になるに決まってるよな。社長の顔色をうかがうことに疲れて、仕事に身が入らないだろう。

**みっちゃん先生**　本当にその通りですね。機嫌の悪い社長だったら、社員はみんな〝どうやったら社長の機嫌が取れるかな？〟って気を揉んでばかりかも。

人のご機嫌取りほど気苦労なことはないし、それって精神的にものすごい負担だから、どんなにいい社員がいてくれても宝の持ち腐れになってしまいます。

**一人さん**　逆に、いつも社長の機嫌がよければ、社員は〝社長の機嫌を取らなきゃ〟なんて思う必要がない。そんなことしなくたって、社長の機嫌がいいわけだからね。

社長がいつもニコニコしていれば、そのぶん社員は気楽なの。

だから社員は自分の仕事に集中できるし、気楽に働けるから〝この会社は最高だな〟って会社に貢献したくなる。知恵を出しはじめるんだよ。

こういう社員は、楽しく働けるに決まってます。いい知恵で、きっと結果も出すだろうからね。

**みっちゃん先生**　社長の機嫌がよければ、社員も一緒になって楽しく仕事をする。社長にも社員にも笑龍がついて、会社は右肩上がりの成長企業になりますね！

COLUMN

みっちゃん先生の感動エピソード

# 天の龍が両親を迎えにきた！

私は数年前に両親を亡くしています。それも、ほとんど同時期のこと。という話をすると、すごく不幸な過去だと思う人もいらっしゃるでしょう。もちろん、私は父のことも母のことも大好きだったから、短い間に両親を亡くしたことは大きな悲しみを伴いました。

でも、時を経ていまの私がどう受け止めているかと言うと、両親は私に大切な学びを残していってくれたんだなぁ、最後の最後まで、愛をくれたんだなぁって感謝しかありません。

心を砕くような悲しみや、喪失感といったものはなく、父と母が見せてくれた感動的な奇跡に、温かい気持ちでいっぱいです。

実はいまだからわかることですが、両親が亡くなるとき、両親の魂を迎えにきてくれた存在があります。

それは、神の使者である龍です。

天の龍が降りてきて、両親のなかにいた龍とともに空へ帰った。

そんなイメージです。

悲しくも、最高に美しいお別れの時間でした。

## 窓の外からふわ~っとしたものが流れ込み……

まずは、父の死を看取《みと》ったときのお話からいたしましょう。

父はすでに高齢で体が弱ってはいたのですが、入院したのは亡くなる2日前のことで、長患《ながわずら》いをすることのない最期《さいご》でした。病院でも、入院の翌日には深い眠りに入り、苦しんでいる様子はまったくなかったんです。

そんな父に、私たちは枕もとでたくさん話しかけました。よく「意識がなくなっても耳は亡くなる直前まで聞こえる」と言われますが、あれは本当なんです。

母が父に語りかけたとき、父の目からすうっと涙がこぼれて……本当に私たちの声が届いているのだと、寂しいながらも幸せなひと時を過ごすことができました。

実はそのとき、母はティッシュで父の涙を拭いてあげたんですね。すると母は、ティッシュをゴミ箱へ捨てることなく、そっと自分のバッグにしまったんです。

両親は昔から本当に仲のいい夫婦で、娘の私から見ても「この2人はソウルメイトだ」と感じるほど。それだけに、母の些細《ささい》な行動ひとつにも愛の深さがにじみ出ているようで、とても胸が熱くなりました。


やがて父の呼吸が浅くなりはじめ、とうとうお別れのときがきたのだと思いました。そんななか、ふと窓の方になにかの気配を感じて目をやると、ふわ～っとしたものが部屋のなかに流れ込んでくるのです。

なんとも表現しがたいのですが、薄いヴェールのような透き通った、得も言われぬ美しい光でした。やさしくて、愛の塊のように見えます。

神様の光だ！

すぐに私はそう理解しました。

その光は勢いを増し、いっきに病室に集まります。そして人間のような――いえ、天使の形になると、眠っている父の体をふわ～っと包んだのです。

## 体から魂が抜け出して天に帰っていった

天使の光が、ゆっくりと父の上体を起こします。

でもよく見ると、父はさっきまでと同じようにベッドに横たわっていて。起き上がったように見えたのは、父の体から分離した透明なものでした。

そしてそれは静かに肉体から抜け出し、天使の光に守られるようにして天へ昇っていきました。

この瞬間が、主治医の告げる臨終の時間と完全に一致していたことで、「あれはお父さんの魂だったのね！」とわかったのです。

私の見た光景は、ほかの人には見えていませんでした。

けれども、とても幻とは思えないほどにリアルで、本当に感動的な時間でした。

よく、死の訪れを「死神が迎えにくる」と言い、忌《い》み嫌われます。でも私はあの奇跡みたいな体験を通して、死神に対する考え方が一変しました。

死神様というのは、あんなに美しかったんだなぁって。

そしていま思うのは、死神様って、実は龍のことなんじゃないかなと。

本当は神の使いで迎えにきてくれた龍なのに、人間が死を恐れるあまり、死神という悪の化身のように捉え違えているだけのように思うのです。


人が今世を生き抜いてあの世に帰るときには、天から龍が迎えにきてくれて、自分のなかにいる龍（魂）を導いてくれる。そしてそれは、人生で自分の龍をたくさん笑わせた人ほど、安らかで美しいものとなる。

私はそんなふうに考えます。

生前、父はいつも笑っていて、自分のことも家族のことも大切にしていました。父についていたのは、間違いなく笑龍だったはず。

そんな父だからこそ、あれほど感動的な幕引きができたのかもしれません。

## 家じゅうに懐かしい父の香りが漂う

夫婦仲のいい両親でしたから、父を見送った後、私は母が落ち込むのではないかと心配していました。

ところがそんな不安をよそに、母はあまり寂しそうにしていなくて。不思議に思っていると、間もなくその理由がわかりました。

母は、父亡き後も家のなかに父の気配を感じ取っていたんです。

当時、すでに私は独立していて母と一緒には住んでいませんでしたので、父が亡くなった後はできるだけ頻繁に母を訪ねていました。

そうすると、会うたびに母が言うんです。

「ねぇ、お父さんの匂いがしない？」

それは、生前父が愛用していたポマードの香り。もう誰もそのポマードは使っていないはずなのに、家じゅうに懐かしい父の香りが漂っているんです。

その香りをかいだのは、母や私だけではありません。訪れたご近所さんたちまで、口々に「お父さんの匂いがするわ〜、不思議ね」って。

まるで父が「俺がいなくなっても寂しがるなよ」と言っているよう。いままでに、あれほど心が慰められた香りはありません。

また、母は父と会話までしていたようです。

私が訪ねていくと、母がダイニングの椅子に腰かけて、ボソボソとおしゃべりしていることがあって。いつも父が座っていた椅子の方を向き、まるでそこに誰かがいるみたいな感じなのです。

さらに、ダイニングからは父をお祀《まつ》りした仏壇がよく見えるのですが、そちらの方へ向かって話しかけていることもありました。

母があんまり自然に会話をしているので、とてもひとり言には見えず、やっぱり父がまだここにいるんだなぁと思いました。

## 今世、ともに天に帰ることを決めてきた

実は私には、幼い頃に病気で他界した兄が1人います。だから私の実家にはもともと仏壇があって、必要なものはひと揃《そろ》えありました。

でも、父が亡くなったときに「お父さんに仏具を新調してあげましょう」という母の提案で、細かなものをいろいろと買い替えることにしたんです。

火立てや香炉、花立てといった一式を、母が1つひとつ丁寧に選び、おりんも、音を聞き比べて自分がいちばん気に入るものにこだわりました。

すべての仏具を入れ替えたときの母は、とてもうれしそうでした。

1週間後には父の四十九日も無事に済ませ、ホッとひと息。

その日は、母になにかおいしいものを食べさせてあげたいなぁと思い尋ねると、母の大好きなお蕎麦屋さんの「カレー丼と稲庭うどんが食べたいわ」と言います。

私は仕事があり実家に泊まることができなかったので、その日の夕食に出前を注文

してあげたのです。

母が亡くなったのは、その翌日のことでした。

朝、いつものように居間のシャッターが開かないことを心配したご近所さんが、近くに住む姉に連絡。様子を見に行くと、階段の下で母が倒れており、救急搬送された先の病院でそのまま息を引き取りました。


四十九日の法要を自分の手でしっかりと執り行い、その直後に、父を追うように亡くなった母。

というより、両親はまだ生まれる前にあの世にいるときから、今世、ともに天に帰ることを決めてきていたのかもしれませんね。

考えてみれば、母が亡くなってからは父の香りもしなくなりました。

四十九日までは父の気配が感じられたのは、間もなく母もこの世を去ることを父は知っていて、母を待っていたのでしょう。

最後の最後まで、魂の結びつき、絆《きずな》の強さを見せてもらいました。

## 明るい母らしい「この世の去り方」

母はいつも機嫌がよく、笑顔がとてもチャーミングな人でした。そのいっぽうで、天然な面白いところもあって。

父の四十九日にも、お墓を覗《のぞ》くなり「あら〜、私が入るスペースあるかしら?」なんて言うんです(笑)。

そんな母の人柄を思うと、新しい仏具に買い替えたことも、実は自分のためだったのかしらと笑えてきます。だとしたら、母があれほど仏具を熱心に選んでいたのも頷《うなず》けます。

でもきっと、父も母が選んだ仏具を気に入っていることでしょう。愛するパートナーが選んだものなのですから。

最後の晩餐《ばんさん》に大好物を食べられたことも、母にとっては喜びだったと思います。

高齢者は食も細いですから、ふつうは、カレー丼か稲庭うどんのどちらかを完食するだけでも大変だと思うんです。

ところが母が亡くなって冷蔵庫を開けてみると、カレー丼がほんの少し残っていただけで、あとはすっかり完食したみたい。

また、これは姉に聞いた話なのですが。

ご近所さんからの連絡で母の家に駆けつけたとき、倒れていた母の顔があんまりきれいで、子どもの寝顔みたいだったそうなんです。

だから一瞬、姉は「お母さんったら、こんなところで寝ちゃったの!?」と勘違いしそうになったのだとか（笑）。

きっと、倒れたときも苦しまなかったのでしょう。

母もまた、父と同じように幸せな最期を迎えたんだなぁと思います。

機嫌よく、いい波動で生きていると、笑龍が味方してくれて最高の人生になります。

それだけでなく、この世を去るその瞬間まで、こんなに明るく苦しみがないものになるんですね。

いっぽうで、見送る側にも奇跡みたいな体験をさせてくれたり、亡くなっていく人が喜ぶような虫の知らせがあったりして、悲しみはありながらも笑ってお別れが言えます。

どんなときも機嫌のいい人は、大切な相手を見送るときも、そして自分が去るときも、本当に理想的な状況が用意される。

両親には、そんな大切な学びをもらったように思います。

だから私も、父母のように笑龍に可愛がってもらえるよう、今日も笑顔で楽しんでいます！

## みっちゃん先生のあとがき

最高の運を手に入れるには、機嫌よく笑っていればいい。

機嫌のいい人には笑龍が力をくれるから、困ったことがあっても、たちまち解決します。

うれしいこと、奇跡みたいな現実がどんどん起きてくる。

運が悪くなることなんて、絶対にありません。


だからまず、あなた自身が笑ってください。

そしてあなたの大切な人が苦しんでいるときも、そんなときほどもっともっと笑ってください。


幸せへのいちばんの近道は、1分でも、1秒でも機嫌よくいることです。

みなさんが明るい光で世界を照らせるよう、いつも願っています。

最後までお読みいただき、心より感謝いたします。
すべての人に、すべてのよきことが雪崩《なだれ》のごとく起きます。

みっちゃん先生

# 一人さんのあとがき

この世界に生きていると、愚痴を言いたくなること、文句を言いたくなることがいっぱい起きます。
なぜなら、それでも不平不満を言わないでいることが最高の修行だから。

苦しいときほど泣きごとを言わない。
つらいからって、周りや環境のせいにしてふてくされない。
神様は、それができる人に笑龍をつけてくれるよ。

地獄言葉に支配されても、目の前にある現実は変わりません。
それどころか、もっと嫌なことが起きて損するだけです。
だから笑顔でいようね。
いろんなことが起きても、機嫌よくいることだよ。

それですべてがうまくいく。

龍を信じ、笑って生きる人には、笑龍が最高のご褒美をくれるよ。

さいとうひとり

## 雄大な北の大地で「ひとりさん観音」に出会えます

### 北海道河東郡上士幌町上士幌

### ひとりさん観音《かんのん》

柴村恵美子さん（斎藤一人さんの弟子）が、生まれ故郷である北海道・上士幌町《かみしほろちょう》の丘に建立《こんりゅう》した、一人さんそっくりの美しい観音様。夜になると、一人さんが寄付した照明で観音様がオレンジ色にライトアップされ、昼間とはまた違った幻想的な姿になります。

### 記念碑

ひとりさん観音の建立から23年目に、白光の剣《つるぎ》（※）とともに建立された「大丈夫」記念碑。一人さんの愛の波動が込められており、訪れる人の心を軽くしてくれます。

（※）千葉県香取市にある「香取神宮」の御祭神・経津主大神《ふつぬしのおおかみ》の剣。闇を払い、明るい未来を切り拓く剣とされている。

「ひとりさん観音」にお参りをすると、願い事が叶うと評判です。
そのときのあなたに必要な、一人さんのメッセージカードも引けますよ。

**そのほかの一人さんスポット**

**ついてる鳥居：最上三十三観音 第2番 山寺（宝珠山《ほうじゅさん》 千手院《せんじゅいん》）**

山形県山形市大字山寺4753　電話：023-695-2845

一人さんが
すばらしい波動を
入れてくださった絵が、
宮城県の
定義《じょうぎ》如来《にょらい》西方寺《さいほうじ》に
飾られています。

宮城県仙台市青葉区大倉字上下1
Kids' Space　龍の間

**勢至菩薩《せいしぼさつ》様は**
**みっちゃん先生の**
**イメージ**

聡明に物事を判断し、冷静に考える力、智慧と優しさのイメージです。寄り添う龍は、「緑龍」になります。地球に根を張る樹木のように、その地を守り、成長、発展を手助けしてくれる龍のイメージで描かれています。

**阿弥陀如来《あみだにょらい》様は**
**一人さんの**
**イメージ**

海のようにすべてを受け入れる深い愛と、すべてを浄化して癒すというイメージです。また、阿弥陀様は海を渡られて来たということでこのような絵になりました。寄り添う龍は、豊かさを運んでくださる「八大龍王様」です。

**観音菩薩《かんのんぼさつ》様は**
**はなゑさんの**
**イメージ**

慈悲深く力強くもある優しい愛で人々を救ってくださるイメージです。寄り添う龍は、あふれる愛と生きる力強さ、エネルギーのある「桃龍」になります。愛を与える力、誕生、感謝の心を運んでくれる龍です。

## 斎藤一人さんとお弟子さんなどのウェブ

### 斎藤一人さんオフィシャルブログ

**https://ameblo.jp/saitou-hitori-official/**

一人さんが毎日あなたのために、ツイてる言葉を、日替わりで載せてくれています。ぜひ、遊びにきてくださいね。

### 斎藤一人さん Twitter

**https://twitter.com/O4Wr8uAizHerEWj**

上のＵＲＬからアクセスできます。
ぜひフォローしてください。

| | |
|---|---|
| 柴村恵美子さんのブログ | https://ameblo.jp/tuiteru-emiko/ |
| ホームページ | https://emikoshibamura.ai/ |
| 舛岡はなゑさんの公式ホームページ | https://masuokahanae.com/ |
| YouTube | https://www.youtube.com/c/ますおかはなゑ4900 |
| インスタグラム | https://www.instagram.com/masuoka_hanae/ |
| みっちゃん先生のブログ | https://ameblo.jp/genbu-m4900/ |
| インスタグラム | https://www.instagram.com/mitsuchiyan_4900/?hl=ja |
| 宮本真由美さんのブログ | https://ameblo.jp/mm4900/ |
| 千葉純一さんのブログ | https://ameblo.jp/chiba4900/ |
| 遠藤忠夫さんのブログ | https://ameblo.jp/ukon-azuki/ |
| 宇野信行さんのブログ | https://ameblo.jp/nobuyuki4499/ |
| 尾形幸弘さんのブログ | https://ameblo.jp/mukarayu-ogata/ |
| 鈴木達矢さんの YouTube | https://www.youtube.com/channel/UClhvQ3nqqDsXYsOcKfYRvKw |

# 楽しいお知らせ

**無料**

ひとりさんファンなら
一生に一度はやってみたい

# 「八《はち》大《だい》龍《りゅう》王《おう》檄《げき》文《ぶん》気《き》愛《あい》合《かつ》戦《せん》」

ひとりさんが作った八つの詩で、一気にパワーがあがりますよ。
自分のパワーをあげて、周りの人たちまで元気にする、
とっても楽しいイベントです。

※オンラインでも「檄文道場」を開催中！

場所：ひとりさんファンクラブ
ＪＲ新小岩駅 南口アーケード街 徒歩3分
年中無休（開店時間10:00～19:00）
東京都江戸川区松島 3-14-8　TEL：03-3654-4949

## ひとりさんの作った八つの詩《檄文》

神風隊
龍神隊
騎馬隊
隼隊
抜刀隊
金剛隊
荒武者隊
大魔神

自分や大切な人にいつでもパワーを送れる「檄文援軍」の
方法も各地のまるかんのお店で、無料で教えてくれますよ。

〈著者略歴〉

**斎藤一人**（さいとう　ひとり）

実業家。「銀座まるかん」（日本漢方研究所）の創設者。1993年から納税額12年連続ベスト10入りという日本新記録を打ち立て、累計納税額に関しては2006年に公示が廃止になるまでに、前人未到の合計173億円を納める。また、著作家としても「心の楽しさと経済的豊かさを両立させる」ための著書を何冊も出版している。

主な著書に『斎藤一人 今はひとりでも、絶対だいじょうぶ』『斎藤一人 人は考え方が９割！』『斎藤一人 楽しんだ人だけが成功する』『強運』『絶対、よくなる！』『「気前よく」の奇跡』（以上、ＰＨＰ研究所）がある。

**みっちゃん先生**（みっちゃんせんせい）

斎藤一人さんの名代。

一人さん曰く、「みっちゃんがおむつをしている頃に出会い」、子どもの頃から一人さんの生きざまをそばで見ながら「ふわふわ楽しく魂的に成功する生き方」を学ぶ。東京都江戸川区の高額納税者番付では常連だった。現在も一人さんと毎日、旅をしながら、一人さんに学び、その教えを実践。魂の時代を心豊かに生きたいと願う人々に、「一人さんに教わったこと」「一人さんの愛ある言葉」を伝える活動を続けている。

主な著書に『斎藤一人 神様とお友だちになる本』（ＰＨＰ研究所）、『斎藤一人 悩みから宝が生まれる』（ロングセラーズ）がある。

**斎藤一人　成功したのは、みんな龍のおかげです**

2023年9月18日　第1版第1刷発行

著　者　斎藤一人
　　　　みっちゃん先生
発行者　永田貴之
発行所　株式会社PHP研究所
東京本部　〒135-8137　江東区豊洲5-6-52
　ビジネス・教養出版部　☎03-3520-9619（編集）
　普及部　☎03-3520-9630（販売）
京都本部　〒601-8411　京都市南区西九条北ノ内町11
PHP INTERFACE　https://www.php.co.jp/

制作協力
組　版　株式会社PHPエディターズ・グループ
印刷所
製本所　図書印刷株式会社


ISBN978-4-569-85549-3

PHPの本

# 斎藤一人 神様とお友だちになる本

みっちゃん先生 著

最強の開運法は、神様とお友だちになること！「楽しいことをする」「どんな自分でも可愛がる」……人生に奇跡が山ほど起こる素敵な教え！

定価 本体一、四〇〇円（税別）